티베트
밀교
만다라
명상법

이 저서는 2021년 대한민국 교육부와 한국연구재단의 지원을 받아 수행된 연구임
(NRF - 2021S1A5B5A17049875)

티베트 밀교 만다라 명상법

줄팀 케상·마사키 아키라 저
도경·유리 역

씨아이알

[구히야사마자 세자재(펭콜출탱 15세기 전반)]

티베트 이름은 상바듀빠이고 한자 이름은 비밀집회이다. 아촉 32존 만다라의 주존으로서 티베트 밀교의 주류파인 겔룩파에서 최고로 숭배된다. 티베트에서는 청흑색의 아촉금강, 사프란색의 문수금강, 적색의 세자재(世自在, 관음)의 세 종류가 있다. 세자재는 티베트 밀교의 큰 은인인 아티샤가 만든 특별판이다. 그는 티베트 사람들이 관자재보살을 독실하게 신앙하는 것을 보고 티베트 사람에게 맞게 세자재를 만들었다. 이런 일은 아티샤의 세자재가 유일하다. 따라서 이 그림은 매우 귀중하다.

[살바붓다·다키니(펭콜촐탱 15세기 전반)]

성적 요가의 파트너를 담당한 여성 수행자이다. 대단히 매력적이지만 사나운 성격을 가진 다키니·쟈라(茶枳尼網)라고 불리며 집단으로 행동한다. 마음에 드는 남성 수행자를 최고의 쾌락과 함께 해탈로 이끌지만 마음에 들지 않으면 잡아먹는다. 티베트에서는 칸두마, 즉 공행모(空行母)라고 불리며 하늘을 날아 다닌다고 전해진다. 그림에서는 성적인 매력 탓인지 거의 전라로 표현된다.

[**차크라삼바라**(펭콜촐탱 15세기 전반)]

후기밀교 가운데에서 가장 치열하게 성적 요가의 실천을 요구하는 모탄트라를 대표하는 존격이다. 인도의 종교 도상학에서 청흑색은 죽음이나 증오, 적색은 섹스와 사랑을 각각 상징한다. 차크라삼바라를 주존으로 하는 의례에서는 시다림(무덤)을 수행의 장소로 설정하고 천체의 운행에 맞추어 긴 시간 동안 성적 요가를 실천했다고 한다. 말하자면 이것은 죽음이나 증오라고 하는 극한과 똑같이 섹스와 사랑이라고 하는 극한이 합체함으로써 궁극의 지혜가 얻어진다고 보는 후기밀교의 독특한 발상이다.

[무기를 든 헤바즈라(콩칼돌제탱 15세기 후반)]

몽골제국에서 국교의 지위에 있던 사캬파의 주존이다. 이 존격을 설한 『헤바즈라탄트라』는 인도불교사 중에서 가장 에로스적인 표현을 즐겨 사용한 경전이다. 이 그림은 티베트 불화의 가장 정점에 위치하며 탁월한 기량을 가진 화가 켄체쩸모의 작품으로 추정된다. 헤바즈라는 얼굴이나 팔의 숫자가 많을수록 격이 높이 올라간다. 가장 많은 것은 얼굴이 8개이고 팔이 16개인 것도 있다.

[**야만타카**(콩칼돌제탱 15세기 후반)]

별명은 바즈라바이라바이다. 티베트 밀교에서 가장 강하고 흉악한 존격을
가진다. 힌두교의 죽음의 신, 야마(閻魔)마저 살해하는 강한 힘을 가지고 있다.
달라이라마를 최고의 지도자로 숭배하는 겔룩파의 이담(수호존)이기도 하다.
이 그림은 콩칼돌제탱의 이담이 있는 방에 그려진 것이다. 머리 꼭대기에
있는 아주 부드럽고 화사한 얼굴의 형상은 야만타카의 본체인 문수보살이다.

[**야만타카**(펭콜촐탱 15세기 전반)]

별명은 다족존(多足尊)이다. 불교계에서는 매우 드문 그림으로 발의 숫자가 엄청 많다. 일본 밀교에서는 대위덕명왕(大威德明王)이라고 부른다. 교토에 있는 동사(東寺)의 대표 작품이다. 다만 일본 밀교에서는 사람이 물소에 타고 있지만 티베트 밀교에서는 물소의 얼굴을 가지고 있으면서 매우 흉악한 인상을 지니고 있다. 가슴 앞에 있는 손에 쥐고 있는 것은 카파라(두개골 잔)와 카루토리 칼(고기를 자르는 칼)이다. 마이너스 극한을 플러스 극한으로 단번에 모두 전환시킨다. 이것은 후기밀교의 대표적인 발상을 상징한다.

[아촉여래(살사원 14세기초)]

아촉 32존 만다라의 주존인 구히야사마자의 본체인 여래이다. 아촉이란 산스 크리트어로 분노를 극복한 자를 의미하는 아크쇼비아를 한자로 음사한 이름 이다. 초기 대승불교에서 숭배받은 다음 일단 모습을 감추고 중기 밀교 단계 에 이르러 갑자기 부활하여 대일여래를 능가하는 지위를 가진다. 다만 일본에 서는 숭배받은 행적이 거의 없다.

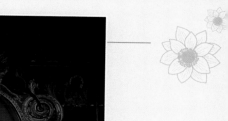

[대일여래(샬사원 14세기초)]

일본 밀교에서 숭배받고 있는 최고의 존격이다. 우주 그 자체를 몸과 마음으
로 삼으며 세계창조를 하지 않는 것을 제외하면 일신교의 신에 가까울 만큼
절대적인 존재이다. 이름이 나타내는 것처럼 태양신의 이미지가 강하지만
서방의 이란 주변에 있는 곳에서 종교적 영향을 받았다는 최근 연구도 있다.
일본 밀교에서는 제일여래(第一如來)라고 부르며 티베트 밀교에서는 비로자나
여래(毘盧遮那如來)라고 부른다. 또 일본 밀교에서는 법신(法身, 진리 그 자체를
신체로 삼는 부처)이라고 한다. 하지만 티베트 밀교에서는 법신이라고 하면
너무 추상적이기 때문에 그렇게 표현하지 않고 보신(報身)이라고 부른다.

제5장
실천편 [4]
일상의 명상

제1장

기초편

제1장

기초편

왜 명상을 하는가

명상이란 무엇인가

명상이라고 하는 행위는 세계에 있는 대다수의 종교에 존재한다. 그러면 명상이란 무엇인가라고 묻는다면 이것은 꽤 어려운 질문이다. 「광사원」이라는 사전에는 명상이란 눈을 감고 고요히 생각하는 것, 눈앞의 경계를 잊어버리고 상상을 하는 것이라고 적혀 있다. 분명한 것은 일반적으로 명상은 적어도 광사원에서 설명하고 있는 행위일 것이다. 그러나 특히 종교적인 행위의 명상이라면 이 설명으로는 불충분하다. 물론 명상이 없는 종교는 있을 수 없다. 그것은 기도와 함께 종교에서도 가장 중요한 행위이다. 불교는 물론이고 기독교, 유태교, 이슬람교에도 명상은 존재한다. 그러나 그 수준은 다양하며 각각의 종교에 따라 명상에 얽힌 노하우나 테그닉은 큰 차이가 있다.

본서에서는 명상을 인간의 정신 생리적인 방법론에 근거한다. 호흡 조절이나 좌법을 비롯하여 모든 신체의 기법을 구사하여 영혼과 육체의 깊은 곳으로 인도하는 특수한 심신 상황이라고 본다. 이에 따라 본서는 명상이란 진리를 파악하기 위한 행위라고 정의한다. 이렇게 정의된 명상은 인도 계통의 여러 종교가 훌륭한 성과를 거두었다. 거기에 비한다면 기독교를 비롯한 이른바 셈계 일신교[1]의 명상은 그다지 발전하지 않았다. 기독교의 명상에서 절대적이라고 말해도 좋을 만큼 연구되는 이루나티 우수데의 영조, 심령 수행이 있지만 그 내용은 아직 초보적이고 인도계열 종교의 명상 수준에는 이르지 못하는 것은 주지의 사실이다. 이슬람 신비주의가 가지고 있는 지클 수행, 신을 찬탄하는 짧은 말을 신체 여러 군데에 넣어서 몸과 마음을 특수한 상태로 이끄는 수행도 인도 요가의 영향을 크게 받았다.

불교 명상의 기본 – 지(止)와 관(觀)

여기에서는 가장 고도한 명상을 개발해왔던 인도계의 종교 가운데에서도 불교의 명상을 살펴보자. 비록 불교라 하더라도 명상은 종파와 지역에 따라 다양하게 나타난다. 예를 들면 일본이나 중국에서 발달한 좌선은 무념무상(無念無想)을 강조한다. 그 방법론은 먼저 인식대상에 마음을 집중하고 그 극도의 집중을 이용해서 인식 작용을 소멸하는 것이다. 그것은 결과적으로 어떠한 인식대상도 가지지 않는 것을 곧 명상의 목적으로 삼는다. 티베트 불교에서 닝마파[2]의 명상은 이 방법에 가깝다. 선(禪)이나 닝마파의 명상에서는 주관과 객관의 구별은 처음부터 없으며 양자를 구분하지 않는 것이 옳은 길이라

---

1) 셈계 일신교는 셈족(서아시아 아라비아 반도, 북아프리카에 분포하는 민족)이 만들어낸 종교이다. 신앙대상은 유일 절대신이다. 구체적으로는 유대교, 기독교, 이슬람교를 가리킨다.
2) 닝마파(古派)에서 닝마란 '오래되었다'라는 의미로, 10세기 이전에 전래된 인도 밀교이다. 티베트 고유의 종교라고 하는 뵌교에 중국에서 전래된 선(禪)이 융합되었다고 생각된다.

고 간주한다.

거기에 대해서 본서에서 소개하는 겔룩파3)가 채용해 왔던 명상에서는 주관과 객관의 일체 바꾸어 말해서 인식대상의 소멸을 의미하는 무념무상을 성취하는 것만으로는 부족하며 그 이상으로 인식대상을 명료하게 파악하는 것을 목표로 한다. 겔룩파의 개조로서 유명한 종카파4)는 무념무상을 아무리 성취해도 그것만으로는 건망증이 심하게 되거나 사상을 관찰하는 지혜의 힘이 쇠퇴한다고 하는 과실을 초래할 뿐이라고 경고하고 있다.

좀 더 자세하게 말하면 명상은 기본적으로 지(止)와 관(觀)이라는 두 개의 요소로 구성된다. 지란 명상의 대상으로부터 마음이 산란되지 않도록 대상에 마음을 연결하여 고정하고 붓다가 설한 올바른 지혜를 생성하는 것을 말한다. 관이란 지의 상태를 받아 대상을 올바로 관찰하는 것을 말한다. 이 양쪽을 함께 성취하는 명상이 비로소 의미를 갖게 된다. 즉 명상의 본질은 어떤 것에도 구속되지 않는 경지를 실현하고 거기서 대상을 있는 그대로 관찰하는 것이다. 이 상태가 달성되면 비로소 본서에서 취급하는 것과 같은 고도의 명상이 가능하다.

---

3) 겔룩파(황모파, 덕행파)는 종카파를 개조하며 인도의 대승불교를 가장 충실하게 계승하고 있다고 자인하는 종파이다. 달라이라마를 지도자로 모시고 있으며 티베트 불교 내에서는 최대의 세력을 갖고 있다. 계율이 엄격하기로도 유명하다.
4) 종카파(1357~1419)는 티베트 역사상 최고의 종교적 천재로 평가받고 있다. 후기 밀교를 정점으로 하는 장대한 체계를 확립함과 더불어 계율을 철저히 하여 타락하고 있던 불교계를 쇄신하고 겔룩파를 창시했다.

공성(空性)의 지(智)의 체험

다양한 이야기를 했지만 이제 가장 중요한 것을 말해야겠다. 대승불교[5]의 명상을 실천할 때 가장 필수적인 것은 '공성(空性)의 지(智)'에 대한 체험이다. 이 체험이야말로 대승불교 명상의 기초이다. 공성의 지를 어떤 식으로든 체험하지 않고서는 아무것도 시작할 수 없다. 그렇지만 우리들은 공성의 지를 체험한다는 것을 알기 어렵다. 다만 대승불교에서 말하는 공성(空性)에 얽힌 사상이 제법(諸法, 모든 것)은 불변의 실체가 없는 것을 말하며 공성의 지를 체험한 순간에는 주관(보는 것)과 객관(보여지는 것)의 구별이 없다는 것을 주장해왔던 점을 인식해야 한다. 특히 명상에서 후자는 중요하다. 즉 주관과 객관의 구별이 없는 순간이 있기에 사람은 부처와 일체가 될 수 있는 것이다. 앞에서 이 점에 관해서 선(禪)이나 닝마파의 명상에서는 주관과 객관의 구별은 처음부터 없다고 주장한다. 겔룩파는 양자를 나누지 않는 것이 올바른 길이라고 강조한다. 이를 위하여 겔룩파가 채택한 명상은 인식대상의 소멸을 의미하는 무념무상을 성취하는 것뿐 아니라 인식대상을 명료하게 파악하는 것을 궁극 목표로 한다.

만약 주관(보는 것)과 객관(보여지는 것)의 구별이 없는 것을 체득하는 것이 '공성의 지'라면, 겔룩파의 명상은 이 원칙을 따르지 않는다고 생각하는 독자가 있을지도 모르겠다. 이 부분을 설명하겠다. 겔룩파의 경우 명상의 최종 단계에서 주관과 객관은 일체화된다. 그

---

5) 대승불교는 자기의 해탈보다도 타자의 구제를 최고의 가치로 인정하는 불교이다. 기원전 후에 승원 내의 혁신파로부터 생겨났다. 공(空)을 주장하고 보살(菩薩)을 이상의 인간상으로 삼는다. 티베트, 한국, 일본, 중국 등의 불교가 대승불교에 속한다.

러나 거기에 이르기까지의 과정에서 가능한 한 주관과 객관을 구별한다. 겔룩파는 선이나 닝마파처럼 처음부터 주객을 구분하는 것이 너무나 쉽다고 본다. 예를 들어 말하자면 겔룩파의 방법은 활시위를 끝까지 당길 수 있을 만큼 당겨서 그 반발력을 최대한으로 이용하여 한순간 표적에 정확하게 깊이 쏘아 집어넣는 것을 목표로 한다. 선이나 닝마파의 방법으로는 너무나 느슨하여 힘이 부족하고 표적을 정확하게 맞출 수도 없으며, 가령 명중하더라도 깊이 찌를 수 없다고 하는 것이 겔룩파의 견해이다.

여러 가지 신체 기법 – 적정(寂靜)의 도(道)와 앙진(昂進)의 도(道)

신체 기법은 여러 가지가 있다. 불교의 명상은 이른바 요가의 범주에 속한다. 이 요가는 크게 나누어 두 종류가 있다. 두 개로 나누는 이유는 좌법의 차이에 있다. 기본적으로 요가에 대해서 알아야 할 것은 인도의 어떤 종교이든 정신 생리의 부분과 연관이 있다는 것이다. 그것에 의하면 먼저 수행이란 그 종교의 교조를 체험하는 것이다. 이어 수행이란 성욕으로 대표되는 육체적인 에너지를 신체 기법으로 이용하여 영적 에너지로 변용하는 것이다.

그 성욕으로 대표되는 육체 에너지는 인간 신체의 회음부(성기와 항문 사이)에 엉켜 있다. 인도에서는 그 육체 에너지인 성적 에너지를 샤크티[6] 혹은 쿤달리니[7]라고 부른다. 그것의 이미지는 회음부에 꽈

---

6) 샤크티는 성(性)의 힘으로, 특히 여성성(女性性)의 성(性)의 힘을 의미한다. 여신으로 상징된다.
7) 쿤달리니는 여신이 아직 자고 있는 상태를 말하며, 똬리를 튼 뱀으로 이미지화된다.

리를 튼 뱀이다. 명상은 샤크티의 사용방식에 따라 크게 두 가지로 구별된다. 즉 샤크티를 진정시키는 방향으로 선택할 것인가, 아니면 활성화시키는 방향으로 선택할 것인가의 문제이다. 전자는 오직 금욕적인 방향성을 가지는 '적정의 길'이다. 붓다는 이 적정의 길을 채용했다. 일명 고전 요가라고도 부른다. 그 전형적인 스타일은 바로 좌선이다. 이 스타일의 명상에서는 샤크티를 자극하지 않도록 양쪽 발꿈치를 회음부로부터 떼어서 앉는다. 후자는 금욕에 구속되지 않는 방향성을 가지는 '앙징의 길'이며 5세기 이후에 발달했다. 하타 요가[8])가 전형이며 밀교계의 명상도 기본적으로는 이 스타일에 속한다. 이 스타일의 명상에서는 샤크티를 적극적으로 자극하고 눈뜨게 하는 것이 필요하기 때문에 양쪽 발꿈치는 회음부에 밀착시킨다. 이 방향성의 끝에는 섹스 행위를 도입하는 수행의 가능성이 예상된다. 이 점에 대해서는 다른 항에서 이야기한다.

용어에 대하여

실은 불교에서는 명상을 명상이라고 부르는 경우는 거의 없다. 명상(瞑想)에는 선정(禪定)을 비롯하여 관(觀), 관상(觀想), 관법(觀法) 등 여러 가지가 있고 좌선(坐禪)도 있다. 또 밀교 특유의 매우 고도한 명상에 부처와의 일체화를 바라는 성취법(成就法)이 있다. 본서에서는 일반적으로 논할 경우 명상이라는 말을 사용하고 그중에서도 특수한

---

8) 하타 요가에서 하타란 강제를 의미한다. 말 그대로 몸과 마음에 대하여 부자연스러운 자세나 호흡 조절을 비롯하여 매우 강제적인 테크닉을 사용한다. 샤크티·쿤달리니를 눈뜨게 하여 척추를 따라 상승시켜 머리 꼭대기까지 이르게 할 수 있을 때 해탈의 가능성이 생긴다고 한다.

자리를 차지하는 명상, 예를 들면 성취법 등은 개별적인 명칭을 사용한다. 말하자면 명상이라고 하는 큰 범주 안에 성취법 등 각양각색의 개별적인 방법이 조합되어 있다고 생각하면 된다.

[밀교의 분류]

	전기	중기		후기
탄트라 구분	소작(所作)	행(行)	요가	무상요가
성립 시대	2~6세기	7세기 전반	7~8세기	8~12세기
중심불격 (中心佛格)	석가(釋迦)	大日(毘盧遮那)		구히야사마자(秘密集會) 헤바즈라(呼金剛·喜金剛) 차크라삼바라(勝樂尊) 칼라차크라(時輪佛)
목적	除災招福	正覺獲得 + 除災招福		
주요경전	灌頂經·金剛明經, 陀羅尼集經 그 외	大日經	金剛頂經 (眞實攝經), 理趣經	비밀집회탄트라 헤바즈라탄트라 삼바라계탄트라 칼라차크라탄트라 그 외
보충	잡밀(雜密)	순밀(純密)		

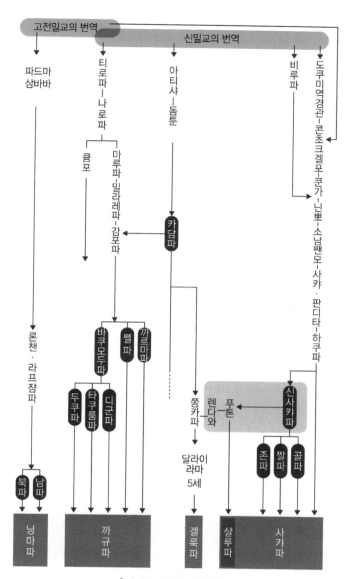

[티베트 밀교 계통표]

명상법의 종류

상주좌와(常住坐臥) 모두가 명상

선(禪)의 세계에서는 '상주좌와 이 모두가 수행'이라고 하는데 명상도 그렇다. 물론 만다라 명상법이나 성취법과 같은 본격적인 명상은 시간도 걸리고 마음과 몸 양면에 걸쳐서 그만큼 준비나 각오가 필요하지만 일상적으로 가능한 명상은 얼마든지 있다. 예를 들면, 본서에서 소개하는 '식사의 명상'9)은 매일 식사할 때마다 실천할 수 있는 명상이다. 이 명상을 계속함으로써 식사라고 하는 매우 일상적인 행위가 그대로 부처들과의 교류의 장이 된다고 하는 인식을 체득할 수 있게 된다. 그리고 당신 자신 안에 부처의 본질, 즉 불성이 깃들어 있음을 알아차림으로써 깨달음으로 가는 첫걸음이 열린다.

생기차제(생성의 과정)와 구경차제(완성의 과정)

깨달음을 최종 목적으로 하는 본격적인 명상에는 생기차제(= 케림, 생성의 과정)와 구경차제(=조쿠리마, 완성의 과정)의 두 단계가 설정되어 있다. 생기차제를 성취하는 것이 구경차제를 수습하기 위한 필수요건이며 원칙적으로 생기차제를 생략하고 구경차제로 들어가는 것은 허용되지 않는다.

생기차제란 간단히 말하자면 우리들의 세계를 구성하고 있는 삼라만상이 실은 궁극의 존재인 부처들의 현현이라고 하는 것을 얻는 명상이다. 좀 더 구체적으로 말한다면 모든 물질세계는 부처들이 모인 만다라10)이다. 만다라라는 형체를 짓기 위해서 불가결한 성스러운

---

9)   238쪽 참고

존재인 윤회하는 모든 존재를 명상으로 마음과 몸에 침투시키는 일이다. 이렇게 함으로써 일상성의 딱딱한 껍데기를 부수고 일상성을 절대화하며 쉽게 집착하는 마음을 지닌 우리들의 의미구조를 근본적으로 부정하고 부처의 올바른 가르침을 받을 준비가 이루어진다. 생기차제를 생성의 과정이라고 부르는 이유는 이 명상이 명상자 자신이 주존(본존)과 일체화하여 자기의 마음과 몸으로부터 많은 부처들을 차례차례 생기하는 차제, 즉 생성의 과정이기 때문이다.

---

10) 만다라의 규칙을 말한다. 티베트 밀교에서 만다라의 방위는 거의 모든 경우 위쪽이 서쪽이며 아래가 동쪽, 오른쪽이 북쪽, 왼쪽이 남쪽이다. 다만 태장계(胎藏系) 만다라에서는 위가 동이며 아래가 서, 오른쪽이 남이고 왼쪽이 북이다. 또 위쪽에 위치하는 부처는 동쪽으로 아래쪽에 위치하는 부처는 서쪽으로 그려진다. 색채는 원칙적으로 다섯 부처(五佛)와의 대응 관계에서 청·적·녹·백·황 다섯 색이 사용된다. 또 만다라의 안마당(주변 벽의 안쪽)은 원칙적으로 동=백색·남= 황색·서=적색·북=녹색으로 칠해진다. 만다라를 명상하는 경우 본래는 지면에 만다라를 그리고 명상에 들어간다. 하지만 벽면 등에 그려진 만다라를 눈앞에 두고 명상하는 일도 있다. 또 종이나 천에 그려진 만다라를 눈앞에 두는 경우도 있다. 어느 쪽이 되든지간에 명상자 자신이 주존(主尊, 本尊)이 되어서 만다라의 중심에 좌정하여 부처들을 생성한다고 명상하는 것이 핵심이다. 만다라 상의 부처들을 삼매야형(新本)으로 바꾸어 표현한 만다라를 '삼매야 만다라'라고 부른다. 또 부처들을 각각 하나의 범자(梵字, 種字)로 표현한 만다라를 '법 만다라'라고 부른다. 만다라 형상은 그 면적이 한정되어 있어서 각각의 부처를 상세하게 구분해서 그린다는 것이 매우 힘들기 때문에 상징이나 문자를 사용하는 편이 부처를 특정하기 쉽다. 티베트와 일본의 만다라의 큰 차이점은 부처들이 향하고 있는 방향에 있다. 티베트의 만다라에서 모든 부처는 주존(본존)을 향하여 이른바 방사형으로 나란히 놓인다. 이에 따라 주존이 다른 부처들을 생성하는 것을 잘 알 수 있는 구조를 갖는다. 그러나 일본의 만다라에서는 주존을 포함하여 모든 부처는 머리를 위로 향하고 다리를 아래로 이른바 상하 방향으로 나란히 모으고 있기 때문에 주존과 다른 부처들과의 관계가 애매한 구조로 되어 있다. 그 다음으로 티베트 만다라에서는 명상자 자신이 만다라 가운데로 들어가는 것을 목표로 한다. 하지만 일본의 만다라에서 명상자는 어디까지나 만다라의 외부에 시선이 멈추어 있다. 만다라 본래의 의미를 위로부터 생각하면 일본의 만다라는 매우 어정쩡한 상태에 있다고 말할 수 있다.

구경차제란 후기 밀교[11]가 궁극의 수행법으로서 개발한 쾌락과 지혜의 관계에 바탕을 둔 명상, 즉 성적 요가에 집중하는 명상을 말한다. 요가라고 하는 말 앞에 성행위를 의미하는 성(性)이라고 하는 단어가 덧붙여 있는 것처럼 성적 요가란 남녀의 성행위를 도입한 명상이다. 구경차제가 완성의 과정이라고 불리는 까닭은 이 수행법이 정신 생리적인 전제하에 특수한 영적 기법을 구사하여 자신의 심신을 활성화해서 마침내 구경의 경지에 도달하는 차제, 말하자면 완성의 경지에 도달하는 과정이기 때문이다.

최근의 연구성과에 의하면 생기차제와 구경차제는 인도에서 전혀 다른 경위를 거쳐서 성립하여 티베트에 전해졌다고 한다. 따라서 티베트에서 한쪽만을 선택하여 실천했다. 하지만 티베트의 전체 종교적 성향에 따라 극적인 내용을 가진 구경차제에 대한 관심이 강했고 생기차제는 대략 경시되었다고도 볼 수 있다. 그 생기차제에서 밀교 수행에 필수불가결한 가치를 발견하고 구경차제와 유기적으로 연결시켜서 통합한다. 말하자면 양쪽 모두를 행하도록 규정한 것은 겔룩파의 개조인 쫑카파였다.

만다라 명상법

만다라는 명상을 위한 영적인 도구 혹은 장치이다. 만다라의 기본형은 4~5세기에 인도에서 개발되었다. 그 뒤로 빠르게 복잡한 형태로 발전했다. 오늘날 일본에 남아있는 스타일은 6~7세기에 티베트

---

11) 후기 밀교는 8세기 이후의 인도에서 전개된 밀교이다. 성적 요가를 채택한 것이 가장 큰 특징이다. 탄트라(Tantra) 불교라고도 부른다.

의 스타일은 8~10세기에 각각 인도에서 성립한 것에 대한 후예라고 생각된다.

초기 만다라는 흙 위에 그렸으며 명상이 끝나면 지워버렸다. 그러다가 벽면이나 종이, 천에 그렸으며 티베트에서는 입체 만다라도 만들었다. 만다라의 중앙에는 본존이 있고 그 주변에 많은 부처들이 계급순으로 질서정연하고 기하학적으로 배치된다. 본존이 모든 근원이고 또 어떤 모양으로 변하여 나타날 수 있다는 것을 이야기하고 있다. 마지막으로 1400 이상의 부처들이 줄줄이 서 있는데 마치 이 모습은 우주 전체가 부처들로 가득 차 있다는 인상을 준다.

만다라는 이 세상의 삼라만상이 모든 부처의 나타남(顯現)이며 의미가 없는 것은 아무것도 없다고 하는 진리를 표현한 것이다. 그러나 그것은 말로는 할 수 있어도 체득하는 것은 실로 어렵다. 명상하는 수행자는 만다라를 앞에 두고 손으로 수인을 맺고, 입으로 진언(眞言)[12](비밀의 성스러운 말)을 외우고, 마음으로는 부처의 모습을 생각하여 그린다. 그리고 깊은 명상 상태에 도달하여 자신의 심신을 만다라 속으로 이입시켜 간다. 그러면 언젠가 자기 자신이 만다라의 본존으로 변하여 삼라만상의 가장 소중한 의미를 여실하게 깨닫는다고 한다.

본서에서 소개하는 것은 겔룩파가 가장 중요시하는 『구히야사마자(비밀집회) 탄트라』의 아촉 32존 만다라의 명상법이다. 이 명상법은

---

12) 진언(眞言, Mantra)의 원뜻은 부처들을 수행의 장으로 초대하거나 의식에 효력을 준다는 것을 의미한다. 또는 궁극의 지혜를 획득하기 위하여 외우는 영적인 힘을 가진 말·주문이다. 명상에서는 겨우 도달하게 된 경지를 그대로 존속시키기 위하여 이 진언을 외운다.

그 정식적인 제목, 즉『길상비밀집회 성취법 청정유가차제』에서 알
수 있는 것처럼 성취법의 범주에 속한다. 또 생기차제와 구경차제라
고 하는 역할에서 보면 생기차제로 구분된다. 어쨌든 명상으로서는
최고도의 것이며 이 이상의 만다라 명상법은 사실상 존재하지 않는다.

성취법

성취법(成就法)은 범어의 사다나(sadana)에 대한 번역어이다. 관상
법(觀相法)이라고도 부른다. 그것은 '미리 선택되어 눈앞에 현현한 주
존(본존)과 일체가 되는 행법(行法)'을 의미한다.

대승불교는 여러 가지 부처로부터 구성되어 있기에 성취법도 각각
의 부처에 대응하여 여러 가지로 개발되었다. 기본적인 방법론은 거
의 바뀌지 않지만 상세하게도 각각의 부처에 따라 자세한 규정이 있
다. 10세기 이후의 인도에서는 이 성취법이 차례차례로 개발되었고
최종적으로는 그들 성취법을 정리한 총서 문집까지 편집하였다. 특
히 유명한 사례가 인도 밀교 최후의 거장이라고 하는 아바야 카라굽
타13)의『사다나마라(성취법의 꽃다발)』이다. 이 저작에는 총체적으
로 312종류의 성취법이 나열되어 있다.

본서에서는 겔룩파의 개조 쫑카파 이후 자기 자신의 이담(수호
존)14)이라고 하여 가장 존숭받는 야만타카 성취법을 구체적으로 소

---

13) 아바야 카라굽타(?-1125년)는 후기밀교의 이론과 수행법에 관한 최고의 권위자
    이다. 미크라마시다 대승원에 거주하였으며 모탄타라의 편찬에도 관계가 있었
    던 것 같다. 평생 금욕을 지켰으며 성적 요가는 실천하지 않았다.
14) 이담(수호존)이란 티베트 밀교에서 특정한 개인이나 시존 또는 사원을 수호하는
    부처를 말한다. 대개는 후기 밀교의 분노존으로 그 전신(前身)은 일본의 명왕(明王)
    에 있다고 생각된다. 쫑카파와 겔룩파를 수호하는 바주라바이라바(야만타카)가

개한다. 야만타카 성취법은 겔룩파가 심혈을 기울여 개발한 것으로 매우 수준 높은 내용으로 구성되어 있다. 이것은 성취법의 극치라고 할 만하다.

나로 육법

본서에서는 구경차제의 사례로 나로 육법을 다룬다.

나로 육법은 11세기에 활동한 인도의 대밀교행자 나로파[15]가 개발했다고 전해지는 수행법이다. 티베트에서는 주로 나로파를 개조로 하는 *까규파*[16]에서 전승되어 왔다.

나로 육법은 단 하나의 경전을 근거로 삼는 수행법은 아니다. 8세기 이후의 인도 밀교가 계속해서 탄생시킨 여러 가지 밀교 경전 및 그 경전에 부수하는 특정한 수행법이 나열되어 있고 또 정리 통합되어서 새로이 만들어진 수행법이다. 이 당시 각종의 경전이나 수행법은 너무 광범위하며, 또한 다양하게 만들어져 대단히 복잡하고 여러 가지가 뒤섞여서 생기곤 하였다. 실제로는 어떤 수행법을 실천하면 좋을지에 대해서 그 자리에서 판단할 수 없게 되었다. 그런 까닭에

그 전형이다.

15) 나로파(1016-1100)는 인도 후기 밀교를 대표하는 대성취자이다. 재야의 밀교행자로 출발하여 뒤에 출가하여 나란다 대승원의 원장까지 지냈다. 하지만 다시 재야로 돌아와 티록파라고 하는 행자에게 사사하여 깨달음을 열었다고 전해진다. 마르파의 스승이다. 마르파(1012~1097)는 나로파의 시조이다. 나로파에게 사사하여 그 법을 계승했다. 강렬한 개성을 가졌으며 평생 재야의 밀교행자로 보냈다. 티베트 최고 수행자라고 불리는 밀라레파가 그 제자이다.

16) 까규파는 티베트 4대 종파의 하나이다. 참고로 티베트 4대 종파는 겔룩파, 까규파, 사캬파, 닝마파이다. 여기에서 까규란 가르침의 전통을 의미한다. 밀교적 색채가 강하고 각지의 씨족과 연결된 형태로 발전하였기 때문에 분파가 많다. 얼마 전에 인도로 망명한 까르마파는 까규파의 총수이다.

다시 정리하고 통합하여 실천하기 쉬운 수행법에 대한 개발이 요구되었고 그런 기운을 타서 등장한 것이 바로 나로 육법이다.

나로 육법은 말 그대로 여섯 가지의 수행법으로 구성되어 있다. 다만 그 6가지 법 가운데에 무엇을 넣는가에 대해서는 여섯 학파(六派)마다 다르다. 일본 밀교에서는 여섯 학파가 탄생하여 서로 유효성을 경쟁한 것처럼 티베트 밀교에서도 나로파 이래로 복수의 법이 전수되었기 때문에 나로 육법에도 여러 가지 견해가 존재한다.

따라서 나로 육법은 찬다리의 불, 사환희, 환심, 광명, 상희, 포와(천이)−톤쥬쿠(입회)의 여섯 개로부터 이루어졌다는 설이 있는가 하면 똑같이 찬다리의 불·환심·중유(바르도)·포와·톤쥬쿠라고 하는 설도 있다. 본서에서는 가장 기본적이고 또 중요한 찬다리의 불 및 티베트 밀교의 명상으로서는 가장 많이 알려져 있는 포와를 취급한다. 찬다리의 불의 명상에 대한 제대로 된 소개는 아마도 본서가 최초일 것이다.

티베트 밀교가 안고 있는 어려운 문제 − 성적(性的) 요가

불교의 쇠퇴를 멈추기 위하여 등장

5세기 이후의 인도 종교는 붓다가 불교를 창시한 이래 오랫동안 계속되어 왔던 불교와 힌두교[17]의 팽팽한 긴장 상태가 깨지고 힌두

---

17) 힌두교는 기원 전후로부터 전신인 바라문교가 구족 개혁하여 재출발한 종교이다. 5세기부터는 불교를 능가하는 세력이 되었다. 현재에도 인도 전 인구의 **80%**를 차지하고 있다. 전형적인 다신교이지만 쉬바와 비슈누라는 양대신과 두루가, 카리 등 여러 명의 여신이 중심적인 지위에 있다. 엄청나게 유치한 현세의 레벨

교가 우세하게 되었다. 그 근본 원인으로 불교는 대개 지적 수준이 높은 사람들을 포교의 대상으로 했기 때문에 도시형 종교가 될 수밖에 없다는 것이다. 또한 승원 중심의 활동에 전념하여 농촌이나 일반 서민층에 대한 접근을 시도하지 않았다. 이 시대 인도의 정치와 경제의 중심은 힌두교와 전부터 그 지지기반인 농촌사회였다. 따라서 이 방면에 뿌리를 내리지 않았던 불교는 쇠퇴할 수밖에 없었다.

불교는 기본적으로 출가형 종교이다. 따라서 현세의 여러 가지 문제에는 냉담하고 격변하는 현실에 대하여 전혀 대응능력이 없다는 점에 있어서 현세를 긍정적으로 파악하려는 힌두교와는 대조적이었다. 가혹하기 그지없는 현실을 앞에 두고 대체로 유효한 방책을 제시할 수 없었던 불교는 차츰 사람들의 지지를 잃어버리고 오랫동안 혼미의 세계로 들어섰다. 그러나 불교 측도 현실을 외면하고 있었던 것은 아니다. 불교를 재생시키고자 하는 대단한 시도가 타자 구제에 의한 해탈을 지향하는 대승불교 안에서 나타났다. 그들은 힌두교의 공세에 대하여 두 가지 대책을 생각했다. 하나는 힌두교의 성공을 배워서 그 방책을 모방하는 것이고, 다른 하나는 힌두교가 아직 손을 뻗지 못한 영역에 먼저 손을 뻗치는 것이었다. 그 결과 대두한 것이 대승불교의 새로운 파도인 밀교였다. 마침 5세기 이후 인도의 요가는 일대 전환점을 맞이하고 있었다. 성욕으로 대표되는 생명 에너지를 억제하여 고요한 해탈의 경지를 '적정의 길'부터 생명 에너지를 활성화하고 다시 그 에너지를 순화함으로써 해탈에 이르고자 하는 '앙진

로부터 지극히 고도한 우주론적 구조의 종교 철학까지 다양하다. 그리고 어떤 통일성을 배제하고 있는 듯한 복잡 다단한 시스템을 가지고 있으며 지극히 인도적인 종교이다.

의 길'이 그것이다. 이 사태를 받아서 불교인 밀교는 영(靈, 정신)과 육(肉, 신체)의 관계를 재구축하려고 시도했다. 그것은 영(정신)의 변혁은 영(정신)만으로는 불가능하며 육(신체)의 변혁이야말로 영(정신)의 변혁을 가능하게 한다는 결론을 도출해냈다.

이렇게 해서 대승불교 안에서 밀교는 싹을 틔웠다. 미래주의와 상징주의로서의 만다라로 결실을 맺은 장대한 신들의 신전 그리고 새로운 영(정신)과 육(신체)의 관계로부터 태어난 수행법을 구사하여 궁극의 부처로서 숭배하고 있는 대일여래(大日如來)18)와 자기가 본질적으로 부처와 동일하다고 진실로 인식할 때 밀교자는 해탈을 완수한다고 간주되는 것이다. 그래도 불교의 쇠퇴는 멈추지 않았다. 뭔가 결정타는 없는 것인가. 이 필사의 요청에 응답하는 형태로 나타난 것이 성적 요가를 개발한 이른바 후기 밀교였다.

성적 요가의 이론적 근거가 되는 영적(靈的) 방정식

본래 인도에서 최고의 지혜는 궁극의 쾌락과 불가분의 관계에 있다고 하는 인식이 존재했다. 따라서 이상의 요가에서 최고의 쾌락이 수반된다. 앞에서 지적했던 생명 에너지를 활성화함으로써 해탈에 이르고자 하는 시도는 회음부에 숨어있는 성적 에너지(샤크티=쿤달리니)를 특수한 신체기법을 사용하여 영적인 방향으로 눈뜨게 하는 것으로부터 시작된다. 그런 다음에 신체의 중심선상에 존재하는 차

---

18) 대일여래(大日如來)는 대비로자나여래라고도 한다. 커다란 광명의 부처를 의미한다. 중기 밀교의 중심적인 불격(佛格)이며 『화엄경』의 비로자나여래의 발전형태라고 한다. 대일여래는 우주에 존재하는 삼라만상의 근원이며 이 부처와 융합일체화하는 것이 해탈의 길이라고 한다.

크라[19]와 나디[20]라고 불리우는 영적인 기관의 중심을 상승시키면 성적 에너지는 차례차례로 영적 에너지로 변환되어 마침내 머리 꼭대기의 차크라에 도달했을 때 수행자는 엄청나게 큰 쾌락 가운데에 최고의 지혜를 획득하여 비로소 해탈하게 된다.

그리고 또 하나 8세기 이후의 밀교보다 그 모태인 대승불교가 이론 면에서도 성적 요가가 해탈을 하기 위하여 불가결하다고 주장하는 이유를 들어보자. 대승불교에 있어서 가장 중요한 개념은 공성(空性)이다. 그 공성을 성의 쾌락으로 파악하는 견해가 등장한다. 그것은

---

19) 차크라는 신체 안에 있는 영육의 결정점에 해당하는 수레바퀴이다. 척추의 안쪽을 따라 회음부에서부터 머리 꼭대기까지 펼쳐지고 있다고 하는 세 줄기의 나디(맥관)는 이 차크라가 있는 곳에서 단단하게 얽혀 있다. 밀교의 명상수행에서는 이 매듭을 풀어 제치고 생명 에너지가 자유로이 유통할 수 있도록 한다. 차크라의 수에 대해서는 여러 가지 설이 있으며 적어도 네 개, 보통은 다섯 개로부터 일곱 개이지만 그 이상이라고 하는 설도 있다. 모양과 색깔에 대해서도 여러 설이 있어서 파악하기 힘들다.

20) 나디(맥관)는 신체 전체에 72,000 줄기가 있다. 그중에서도 척추의 안쪽을 따라 있는 중앙 맥관(우마=아바두티), 그 좌우에 있는 약간 좁은 맥관(칸마=나라나, 로마=라사나)이 특히 중요하다. 그 두께는 중앙이 10m이고 좌우가 5m라고 한다. 통상적으로 차크라가 있는 곳에서 맥관까지는 엉켜 있는 진공이지만 명상 수행에 의해서 그 안에 있는 생명 에너지가 유통된다.

『사부의전(四部医典)』(17세기 말)에 그려진 차크라 나디의 그림

'대락사상(大樂思想)'이다. 또 성스러운 것은 속된 것과 불가분의 관계에 있으며 성스러운 것과 속된 것이란 역전할 수도 있고 더욱더 속된 것의 극한이야말로 성스러운 것의 현현이라는 견해도 등장했다.

생각해보면 공성을 쾌락이라고 파악하는 것과 성스러운 것은 속된 것과 불가분의 관계에 있다고 간주하는 것은 서로 통한다. 왜냐하면 양자가 회통하면 성스러운 것의 극한으로서의 공성은 속된 것의 극한으로서의 성의 쾌락에 의해서 파악된다고 하는 이른바 영적 방정식이 도출되기 때문이다. 이렇게 하여 성행위라고 하는 인간에 있어서 가장 근원적이며 누구도 피할 수 없는 것임에도 불구하고, 아니 그렇기 때문에 세계 중의 모든 종교가 기피했다. 누구의 눈에도 세속것인 것 중에서도 가장 세속적인 그 행위만이, 인간을 그중에서도 특히 말세의 인간을 해탈이나 깨달음이라고 하는 성스러운 극한으로 이른바 도약시키는 유일한 길이라고 후기 밀교 경전은 설하기 시작한 것이다.

인도 밀교의 세 가지 방향

후기 밀교의 시대는 8세기 후반에 『비밀집회탄트라』가 "붓다는 모든 여래들에 있어서 모든 진리의 원천인 복수의 여성들의 성기 가운데에 있었다(= 여성들과 성적 요가를 행했다)."고 하는 충격적인 문장을 드러내면서 등장한 순간에 시작하였으며 13세기 초 인도불교의 멸망과 함께 막을 내렸다. 그 사이 약 500년 동안 후기 밀교는 세 가지 방향으로 전개되었다. 그것은 父탄트라·母탄트라·双入不二탄트라21)이다.

먼저 세 가지의 탄트라를 대표하는 밀교 경전을 들어보자.

父 …『비밀집회탄트라』,『환화망탄트라』,『바주라바이라마탄트라』

母 …『헤바즈라탄트라』,『차크라삼바라탄트라』,『삼바라우다야
　　탄트라』

双入不二 …『칼라차크라탄트라』

성립한 시기로부터 말하자면 앞에서 말한 것처럼 父탄트라계의
『비밀집회탄트라』가 8세기 후반으로 가장 빠르고, 이어서 母탄트라
계의『헤바즈라탄트라』가 8세기말로부터 9세기이며, 双入不二탄트라
의『칼라탄트라』가 12세기 경전이다. 이들 세 탄트라는 각각 다른
경위를 거쳐서 성립했으며 내용적으로도 상당한 차이가 있다. 父탄트
라는 붓다와 그 성적 파트너가 성적 요가를 실천하여 만다라를 실천
하는 과정을 추체험하는 실험이 중심이다. 즉 성스러운 존재를 이
장에 끌어내려고 하는 것이다. 문제는 어떤 방법으로 추체험하는가,
실제로 성적 요가를 행하는 것도 관상(觀想)만으로 행했던 것 같다.
母탄트라는 수행자의 신체를 영적으로 변화시켜서 붓다와 합일시키
는 수행이 중심이 된다. 즉 수행자 자신이 성스러운 존재 그 자체가
되고자 하는 것이다. 그 때문에 성적인 요소를 극한까지 확대시키고
파트너와의 성적 요가를 통해서 나디나 차크라라고 하는 영적 기관을
함께 작동시키는 테크닉이 여러 가지로 개발되었다. 双入不二탄트라

---

21) 부(父)·모(母)·쌍입불이(双入不二) 이 세 가지 명칭은 편의상 그렇게 부르고 있을
뿐이고 종파나 학자에 따라서도 그 분류법의 견해는 다르다. 예를 들면 부탄트라
에 분류되는『비밀집회탄트라』를 지상지고라고 간주하는 겔룩파에서는 쌍입불
이라고 하는 개념에 대해서 냉담하다. 굳이 말하자면 여성이 가지고 있는 성적인
에너지를 가장 중시하여 성적 요가의 실천을 불가결한 것으로 하는 탄트라가
母(여성을 의미)탄트라이며 그다지 심하지 않는 탄트라가 父(남성을 의미)탄트라
이다. 그 양자를 통합·지향했다고 자인하는 탄트라가 쌍입불이 탄트라이다.

는 父탄트라와 母탄트라를 통합하려는 목적에서 탄생하였다. 그 점에서 가장 완성된 탄트라라고 할 수 있지만 시기가 시기인 만큼 이슬람[22] 교도와의 최종 전쟁을 예언하는 등 특이한 면도 보인다.

수행자를 고민하게 만드는 상극 – 해탈인가, 계율인가

이와 같이 전개된 인도 후기 밀교는 계율[23]과의 상극이라고 하는 어려운 문제를 끌어안고 있었다. 특히 母탄트라는 주살이나 흑마술적인 초자연적 요소까지 포함하고 있기에 문제가 많았다. 이것에 대해서 예를 들면 『헤바즈라탄트라』는 해탈을 위해서라면 무엇을 해도 허용된다고 하는 해탈지상주의를 주장했다. 재가라면 몰라도 출가집단인 승원에서 그런 이론은 통할 수가 없었지만 그래도 그들은 해탈을 하고 싶어 했다. 이렇게 해서 후기 밀교 단계의 인도 불교계는 해탈과 계율에 꼼짝없이 둘러싸인 상황에 놓이게 되었다.

물론 해결법이 보이지 않는 것은 아니었다. 하나의 방법은 성적 요가를 어디까지나 명상으로 행하는, 즉 호흡 조절이나 이미지 조작 등 신체 기법이 할 수 있는 모든 방법을 총동원하여 현실의 여성과 성행위를 행했을 때와 같은 심신 상태를 실현하는 것이었다. 또 흑마

---

22) 인도에는 8세기 이후 이슬람 교도에 의한 침입이 반복되었다. 특히 12세기가 되자 그 결렬함은 심해졌다. 마침내 1205년 북인도 일대가 그 지배하에 들어갔고 부유한 불교 사원은 철저하게 파괴되고 승려들은 살해되었으며 인도 불교는 사실상 멸망했다. 다만 이슬람교로 개종한 것은 주로 카스트 제도에 괴롭힘을 당하던 하층구조 계급이며 힌두교는 전체적으로는 그다지 영향을 받지 않았다.
23) 계율(戒律)에서 계(戒)란 습관적으로 실천해야 할 항목이고 율(律)이란 행위 규범을 의미한다. 불교의 계율은 남녀에 따라 다르고 소속한 종파 등에 따라 지극히 다양하다. 그 가운데에서도 살생(殺生)·투도(偷盜)·사음(邪婬)·망어(妄語) 이 네 가지는 세속의 중범죄에 해당되며 이것을 어기면 승원에서 영구히 추방되었다.

술적 주술, 심령술적인 사물이나 행위를 상징적으로 재해석하는 것도 시도되었다. 예를 들면 대소변이나 피 등의 혼합물(五甘露)[24]을 먹는다고 하는 더럽기 그지없는 행위는 어떤 사물도 부처의 눈으로 보면 지극히 청정하다고 하는 진리를 나타내는 것이라고 해석된 것이다.

그러나 이런 난문을 모두 해결하기 위한 충분한 시간 그리고 아마도 인물 또한 인도불교는 가질 수 없었다. 1203년 인도불교 최후의 대거점이었던 비크라미시라 대승원이 이슬람군에 의해서 철저하게 파괴되어 인도불교의 명맥이 끊어졌기 때문이다. 이렇게 불교 사상의 가장 어려운 문제에 대한 해결은 인도불교의 후계자인 티베트의 손에 맡겨지게 되었다.

티베트 밀교의 마지막 회답 – 실천하기 매우 어려운 조건

인도 밀교의 뒤를 전승한 티베트 밀교에서도 그리 간단하게 해답을 낼 수 있었던 것은 아니었다. 여기에서는 그 과정을 세세하게 이야기할 만큼의 여유는 없다. 따라서 티베트 밀교의 최종 해답만을 설명하자. 그것은 겔룩파의 개조 쫑카파가 제시한 해답이다. 결론을 미리 말하면 쫑카파는 성적 요가를 실천하는 것에 대한 의의를 충분히 인정하면서도 그 실천은 사실상 거부했다. 보다 정확하게 말하면 쫑카파는 성적 요가의 유효성은 인정하면서도 그 실천을 부정하고 명상만으로 이 수행을 행할 것을 제자들에게 요구했다. 즉 구경차제에서 성적 요가의 실천이 요청되는 부분은 수행자의 영적인 힘으로서 즈냐

---

24) 241쪽 제5장 각주 2) 참조

냐무드라(智慧印)25)라고 불리는 여성 파트너를 출현시켜서 그녀를 상
대자로 지목해야 한다고 결론지었다.

다만 쫑카파는 성적 요가의 실천을 완전하게 금지한 것은 아니다.
성욕을 완벽하게 초월할 수 있는 경지에 도달한다면 성적 요가의 실
천도 허용할 수 있다는 것이 그의 견해였다. 그러나 그 조건은 매우
엄격하다. 실천을 바라는 남녀 양쪽 모두 아래와 같은 조건이 부과된
다. 수행자와 여성 양쪽은 불법을 완벽하게 갖춘 최고의 자질을 가지
고 올바른 관정26)을 받고 탄트라를 실천하기 위한 근본과 부분에
정통하고 그것을 올바로 지키는 능력을 가지고 만다라의 명상법을
완벽하게 익히고 사경(아침·낮·저녁·한밤중)의 명상27)에 숙달해
있어야 한다는 것이다. 그리고 『까마수트라』28)에 적힌 64여 종의
섹스에 대한 기능을 갖추어야만 한다. '공성의 지'의 명상에 숙달해
있을 필요도 있다. 일반적으로 사환희(四歡喜)29)를 생성시키는 테크

---

25) 232쪽 제4장 각주 (64) 참조
26) 관정(灌頂)이란 스승이 제자의 이마에 물을 붓는 의식으로 밀교를 본격적으로
   수습할 때에 행해진다. 입문의례 내지 입문식에 해당한다. 최초는 지금 말했던
   것처럼 단지 스승이 제자의 이마에 물을 붓는 것뿐이지만 시대에 따라 차츰
   복잡하게 되었다. 후기 밀교에 이르면 병관정·비밀관정·반야지관정·제사관정
   네 가지가 설정된다.
27) 265-266쪽 참조
28) 『까마수트라』는 인도에서 개발된 성(性)에 관한 여러 가지 테크닉을 망라한 책이
   다. 4-5세기에 성립했다고 하지만 확정된 사실은 아니다. 7분으로 이루어져 있으
   며 그 목적은 금욕과 정신 통일의 달성에 있으며 반드시 성욕을 채우기 위한
   것은 아니라고 기술되어 있다.
29) 사환희(四歡喜)는 성기의 근원 부분에서 발생한 쾌감이 나디를 통하여 상승할 때
   차크라에서 체험되는 네 가지 쾌감이다. 아래로부터 차례로 환희·최승환희·이
   희환희·구생환희라고 부른다. 다만 하강할 때 체험된다고 하는 설도 있다. 말할
   것도 없이 구생환희야말로 최고의 쾌감이며 해탈하는 데에 있어서 불가결한

닉을, 특히 구생의 지혜를 생성시키는 테크닉을 완벽하게 체득해야만 한다. 그리고 녹아내리는 물방울을 조절하여 밖으로 새지 않도록 멈추는 능력도 반드시 필요하다. 가령 이상의 조건을 만족시키지 못한 자가 성적 요가를 실천하면 악취[30]에 들어가는 문을 연다고 쫑카파는 경고한다.

겔룩파의 전승에 의하면 쫑카파 자신은 사후에 중유의 상태에서 성적 파트너인 명비(明妃)[31]와 성적 요가를 실천하여 그 결과 해탈을 하였다고 한다. 일설에 쫑카파는 생전에 이미 성욕에 미혹되지 않는 경지에 도달해 있었고 마음만 먹으면 성적 요가를 실천할 수 있었음에도 불구하고 제자들이 스승을 따라 미숙한 상태로 성적 요가를 실천하여 악취에 떨어져 버릴 것을 염려하여 생전에는 결코 실천하지 않았다고 한다.

현대에서 밀교 명상법 실천이란

티베트 밀교의 현상

1959년 중국군이 티베트를 침공한 지 반세기 가까운 세월이 지나고 있는 오늘날 티베트 밀교의 현상에는 걱정스러운 것이 있다. 현재

체험이다.
30) 악취(惡趣)는 지옥을 말한다.
31) 명비(明妃)는 본래 남성 부처의 성적 파트너 역할을 하는 여성 부처를 말하지만 현실적으로 남성 밀교 행자의 성적 파트너 역할을 하는 여성을 의미한다. 최소 연령으로 12세, 제일 많아도 20대, 평균적으로는 16세라고 한다. 매우 아름답고 성적인 매력이 넘치지만 동시에 미쳐 날뛰어서 남자를 잡아먹는 맹렬하고도 포악한 여자이다. 다키니와 거의 같은 의미이다.

중국령이 되어 있는 중앙 티베트에는 일찍이 거대한 사원이 여기저기 있었고 고도한 교의의 연구와 함께 명상을 비롯한 여러 가지 수행이 행해지고 있었다. 그러나 이런 현상에서 교의의 연구는 차치하고 수행의 면에서는 귀중한 전통이 거의 모두 단절되고 있다는 것이다.

티베트 밀교의 활동은 오히려 망명정부가 있는 인도나 네팔 쪽이 왕성하다. 망명자 중에 우수한 밀교승이 많이 있었고 정통의 많은 부분이 계승되고 있다는 것은 분명하다. 본서의 공동 집필자인 출팀 케상도 일찍이는 그러한 망명자 중의 한 사람이었다. 그러나 그들에게도 문제가 없는 것은 아니다. 하나는 티베트 고원이라는 토지를 바탕으로 그 풍토와 역사 속에서 생긴 티베트 밀교가 고향을 떠나서 건전하게 보전될 수 있는가 라는 의문이다. 다른 하나는 인도나 네팔에 혹은 더 멀리 구미에까지 거점을 구축한 밀교승 중에는 본래의 뜻을 여차하면 잃어버리는 예도 가끔 있다. 즉 자기들의 밀교 비법을 현대문명에 살면서 현재 생활에 불만족스러운 구미나 일본사람들에게 많은 보수를 받고 부분적으로 파는 소위 타락의 나락에 빠진 자들도 적지 않다는 것이 사실이다. 또 정통을 제대로 계승하고 있는 집단에서도 수행이 지닌 본래의 의미는 상실되었고 단지 형식화된 예가 많이 보인다. 물론 티베트 밀교의 전통을 올바로 후세에 전하려고 노력하는 사람들도 있지만 전체적으로 대단히 힘든 상황에 있다고 말할 수밖에 없다.

오해와 편견

이제까지 티베트 밀교에 대해서는 상반된 두 가지 견해가 존재하고 있었다. 하나는 티베트 밀교는 타락한 불교라고 하는 부정적인 견해이다. 또 하나는 티베트 밀교는 최고의 종교적 예지력을 지니고 있기 때문에 일류가 직면하고 있는 어려운 물음에 많은 부분을 해결할 수 있는 힘을 가지고 있다고 하는 예찬의 견해이다. 우리가 보기에 이들 두 가지 견해는 양쪽 모두 극단적이다.

어떻든 간에 이런 상반된 견해가 생긴 원인은 티베트 밀교에 관한 정확한 정보가 이제까지는 그다지 많지 않았기 때문이다. 정확한 정보가 부족하면 부정론자도 예찬론자도 자기들이 제멋대로 생각한 것을 확대하여 정확하지 못한 결론을 꿈꾸게 된다. 또 정확하더라도 정확하지 못한 정보는 오해나 편견을 지닐 수밖에 없다. 조금 구체적으로 지적한다면 티베트 밀교의 부정론은 수행법과 그것을 뒷받침하는 이론에 관한 이해가 크게 빠져 있다. 티베트 밀교의 예찬론은 티베트 밀교의 형성과정의 역사에 관한 이해가 결여되어 있다. 따라서 이런 점을 시정하지 않는 한 티베트 밀교를 정확하게 파악할 수 없다. 본서에서는 단순하게 하나하나 명상을 해설하지 않는다. 본서는 명상의 실천에 앞서 그 역사나 의미가 말하고 있는 것이야말로 다양한 오해나 편견을 시정하기 위한 방책이라는 점을 드러내고자 한다.

현대의 티베트 밀교 의미

본서에서 소개하는 것과 같이 고도의 명상을 실천하기 위해서는 근원적으로 밀교자로서의 자격을 얻어야만 한다. 밀교자로서의 자격을 얻기 위해서는 밀교 이외의 불교, 즉 현교(顯敎)의 교의를 배우고 또 수행을 성취한 다음에 관정을 받지 않으면 안 된다. 관정(灌頂)이라고 하는 것은 통상적으로 스승(라마·구루)이 이마에 물을 붓는 입문 의례이다. 하지만 그 본질은 어떤 인물이 밀교를 배우는 것이 합당한

지 아닌지를 판정하는 것이다. 물론 관정을 말하기 이전에 현교를 배우기 위해서 출가하는 일이 필요하다.

　이런 엄격한 조건을 생각한다면 불교자인지 아닌지를 알 수 없는 독자 여러분들에게 밀교의 명상을 해설하는 행위는 근본적으로 문제가 있다. 옛 문헌을 보더라도 문외한에게 밀교의 비법을 열어 보이는 것은 굳게 금지되어 있다. 그럼에도 불구하고 우리들이 티베트 밀교의 명상을 많은 사람들에게 알리고자 출판하는 것은 지금 시대가 그것을 요청하고 있다고 판단했기 때문이다. 이미 티베트 밀교의 명상은 어느 정도 세상에 유포되어 있다. 그리고 그 대부분은 잘못되었거나 단편적인 것뿐이다. 더군다나 각각의 명상이 갖는 깊은 의미나 위험성 등은 거의 무시되어 왔다. 그 결과가 옴진리교의 폭주였다고 우리들은 간주하고 있다. 이런 상황을 개선하기 위해서는 정확한 정보가 필요하다. 이런 것들이 우리들이 출판을 결심하게 된 하나의 이유이다. 그러나 더욱 중요한 이유가 있다. 요즘 치열한 분쟁이나 전쟁, 환경파괴의 참상 등을 보면 현대문명이 커다란 벽에 가로막혀 있다는 것은 분명하다. 이런 혼잡한 상황은 사람들의 몸과 마음과도 연결되어 있다. 특히 지금 세계는 몸과 마음의 가혹한 증상, 우울 증상, 백만 명이 넘게 폐쇄증을 앓는 등 사람들의 몸과 마음을 둘러싼 환경은 분명히 악화의 일로를 걷고 있다. 이런 사태를 생각해 볼 때 티베트 밀교가 개발해 왔던 명상의 하나하나가 몸과 마음의 부조화에 괴로워하는 사람들에게 희망을 줄 수 있지 않을까. 이제까지의 지견으로는 상상도 할 수 없었던 몸과 마음의 비밀을 열어 보이고 새로운 발상을 초래하고 고뇌하는 몸과 마음을 구체적으로 치유하는 노하우를 개발할 수 있지 않을까, 이것이야말로 우리들이 출판을 결심하게 된 최고의 이유이다. 다만 티베트 밀교의 명상에는 여러 가지 위험성도 따른다. 그 점은 이미 지적한 대로이다. 우리들이 말하고 있는 주의점은 제발 지켜주기 바란다. 본서를 계기로 하여 독자 여러분이 밀교에 혹은 그 모태인 불교에 눈을 떠 주신다면 그것은 우리들에게 말할 수 없는 행복이 될 것이다.

명상을 하기 위한 준비

명상을 실천하기 위한 몸과 마음의 조건

앞에서 말했던 것처럼 종교에 있어서 명상은 절대적으로 필요하다. 이른바 필수요소이다. 따라서 종교에 관심을 갖는 한 이 명상에 무관심할 수 없을 것이다. 본인 스스로 명상하고 싶다는 생각이 자연스럽게 발생할 것이다. 그렇다면 누가 명상을 할 수 있는가라는 문제에 대해서 우리 모두가 포함되지 못할 수도 있다. 도리어 심신의 상태가 명상으로 인해서 피폐하게 될 수도 있기 때문이다.

일반적으로 말하면 명상은 심신에 위화감이 있는 경우 하지 않는 편이 좋다. 명상에 집중하면 혈압이 변화하거나 혈액이 탁해지거나 심폐기능에 대한 과중한 부담이 생길 수도 있다. 따라서 고혈압이나 저혈압 증상이 있는 사람이나, 심장이나 폐에 질환이 있는 사람은 명상을 하지 않는 편이 좋다. 그리고 명상은 혈류의 변화 등으로 인해 소화기관에도 영향을 끼칠 가능성이 있기에 그 방면에 문제가 있는 경우에도 실천하기 어렵다. 또 이른바 정신병리학적인 증상이 있는 사람에게는 명상을 추천할 수 없다. 우울증 증상이나 조증을 비롯하여 신경계통에 의심이 있는 경우도 명상은 그런 증상을 악화시킬 가

능성이 있다. 물론 정신분열증의 의심이 있는 사람은 명상을 피해야
한다. 정신 병리적인 증상이 있는 사람은 오히려 육체를 사용하여
땀을 흘리는 운동이나 노동에 힘을 기울이는 것이 좋다.

특히 정신 병리적인 증상을 가지고 있지 않더라도 사람이든 물건
이든 어떤 대상에 강한 의존 경향이 있는 사람은 명상을 하지 않도록
해야 한다. 이른바 명상 의존증 내지는 명상광이 되기 쉽기 때문이다.
그렇게 되면 하루 종일 명상하고 있지 않으면 살아가는 실감을 느끼
지 못하거나 명상 이외의 행위에 전혀 관심을 가지지 못할 위험성이
있기 때문이다. 일찍이 옴진리교의 신자 가운데에 이런 부류의 인물
이 적지 않게 있었다. 그런 사람들은 얼핏 보면 부지런히 명상을 하는
것처럼 보이지만 실은 명상에 의존하고 있는 것에 지나지 않는다.

명상의 단계

명상은 쉬운 것부터 어려운 것까지 여러 단계가 있다. 갑자기 고도
의 명상을 실천하는 것은 무리이다. 초심자는 초심자의 명상으로부
터 시작하여 차츰 레벨을 높이도록 해야 한다. 기본을 무시하면 원하
는 결과를 얻을 수가 없다.

본서에서 소개하는 명상은 모두 고도의 것으로 초심자를 위한 것
은 아니다. 적어도 일본 밀교의 월륜관이나 아자관[32]을 실천한 후에
본서의 명상으로 나아가 주기 바란다. 물론 본서에서도 난이도에 따
라 쉬운 것은 먼저 하고 뒤로 갈수록 어려운 것을 하는 식으로 명상을
배치하고 있다. 따라서 이 순서를 충실하게 따르길 바란다.

---

32) 33쪽 참조

명상은 정신 훈련이 아니다

사실 중요한 것은 본서에서 소개하는 명상은 어디까지나 불교(밀교)라고 하는 신앙에 근거해서 구축된 종교적인 행위임을 잊어서는 안 된다. 단순한 정신 훈련이 아니다. 불교라는 종교에 들어오라는 정도의 말은 하지 않겠지만 부디 불교에 대한 경의는 지켜주기 바란다.

여기에서 잠시 잔소리를 하자면 오늘날 상상력은 인간에 있어서 가장 멋진 능력이라고 간주되지만 적어도 불교의 세계에서는 반드시 그렇지만은 않다. 부처를 명상자의 상상력으로 정상화한다고 하는 흔히 있을 법한 사고방식은 실로 근대적인 인간중심주의의 발상이며, 인간은 실재하지만 부처는 실재하지 않는다고 하는 전제에 근거하고 있다. 거기에는 인간 최고의 요구에 따라서 부처가 그 모습을 나타낸다고 하는 불교적인 발상이 결정적으로 빠져있다. 같은 의미로 이미지라는 말에 대해서도 주의가 필요하다. 명상의 초보적인 단계에서 부처의 모습을 이미지화하는 것이 요청되지만 그것은 어디까지나 일시적이고 또 보조적인 행위에 지나지 않는다. 이미지를 조작하여 어떤 효과를 얻는 것이 아니다. 여하튼 본서가 취급하는 명상은 이미지 훈련이 아니라는 것을 미리 알아두기 바란다.

명상 도구에 대하여

티베트 밀교의 명상에서는 때로 생명 에너지(룽)[33]의 움직임을 조절할 목적으로 신체의 특정한 부위를 억압하기 위하여 끈(줄)을 사용할 수도 있다. 그러나 끈의 사용 방법은 어렵다. 부위가 잘못되거나

---

33) 티베트어는 룽(lung)이다. 중국의 기(氣) 개념과 같은 것이라고 간주된다.

조이는 방법이 강하거나 하면 심신에 중대한 영향을 준다. 부연하면 본서에서는 끈을 적극적으로 사용하는 일은 없다.

밀교의 명상에서는 금강령(金剛鈴)과 금강저(金剛杵)[34]를 세트로 흔히 사용한다. 이것들은 각각 상징적인 의미를 지닌다. 예를 들면, 금강령은 여성 원리이고 금강저는 남성 원리로 표현된다. 또 이들을 양손에 잡으면 신체 조작에 일정한 제약이 부과되고 그 결과로 의식에 집중하기 쉬워진다. 특히 금강령이 내는 소리가 명상자에게 영향을 주어 깊은 집중에 들어가기 쉽거나 악마적인 경지에서 벗어나게 하는 힘이 될 수도 있다. 따라서 만약 금강령과 금강저를 얻을 수 있다면 그보다 더 좋은 일은 없겠지만 절대적으로 필요한 것은 아니다. 금강령과 금강저에 집착하는 것보다도 수인을 맺는 법(印契)을 올바로 암기하는 편이 훨씬 의미가 있다. 금강령과 금강저는 명상에 필요한 도구일 뿐이다. 어쨌든 명상 도구에 집착하는 것도 이미 집착이기에 절대적으로 피해야 한다. 이것은 반드시 있어야 하고 저것은 없으면 안 된다는 논리는 명상에는 필요 없다.

---

34) 135쪽 제3장 각주 12), 13) 참조

사진은 구고금강령과 구고금강저의 셋트(14세기)이다. 손잡이의 숫자에 따라서 독고(獨鈷)·삼고(三鈷)·오고(五鈷)·구고(九鈷)라고 부른다. 티베트 밀교에서는 단지 금강저라고 적혀 있는 경우 보통 오고저(五鈷杵)를 가리킨다.

월륜관(月輪觀)과 아자관(阿子觀)

본격적인 밀교 명상법을 배우기 전에 꼭 알아야 할 것이 월륜관과 아자관이다. 양쪽 다 일본 밀교에서 오랫동안 실천되어 온 명상법이지만 그 내용은 티베트 밀교의 기본과 다를 것이 없다. 특히 월륜관은 모든 밀교 명상법에서 기본 중의 기본이라고 해도 좋다. 월륜관은 나 자신의 마음을 보는 것이다. '우리들의 마음 모양은 월륜, 즉 둥근 달과 같다'고 한 공해(空海)[35]의 말 그대로 사실 한가위의 밝은 달처럼 원만하고 청정하고 또 광명에 가득 차 있다고 하는 진리를 체득하기 위하여 실천된다.

아자관은 월륜관이 성취되면 그다지 어렵지 않게 할 수 있다. 그 월륜 중에서 연꽃 위에 올라탄 阿＝ア＝ཨ[36]를 명상하는 과정이 부과되어서 복잡하지만 기본적인 심신조절은 변하지 않는다. 밀교의 수행은 간혹 심신의 위험이 따르기 때문에 뛰어난 지도자가 필요하다. 또 어느 단계까지 가면 아직 미숙한 상태임에도 자기는 수행을 성취했다고 착각하거나 교만해지는 사람도 많다. 이런 사태를 사전에 막기 위해서도 뛰어난 지도자를 찾아서 공부할 것을 권한다.

---

35) 공해(空海)는 홍법대사로 일본에 밀교를 전파한 사람이다. 일본 진언종의 종주이다. 고야산에 총본산이 있다.

36) 아 종자 ཨ

월륜관의 실천

- 먼저 처음에 월륜을 그린 종이 혹은 천으로 된 걸이를 준비하고 그것을 본존으로 삼는다. 월륜의 크기는 대개 35센치 정도가 좋으며 그것을 거는 위치는 당신이 앉아있는 곳으로부터 25센티에서 120센티 정도로 자기가 좋아하는 자리에 두어도 좋다. 보통은 50센치 정도의 자리로 한다.

- 앉는 방법은 반가부좌도 좋고 결가부좌37)도 좋다. 무리가 없도록 앉는다. 허리를 뒤로 넘기지도 말고 앞으로 굽히지도 말고 곧바로 앉는다. 다리 밑은 아프지 않도록 방석 등을 놓는다. 양쪽 눈은 가볍게 감는다. 손은 법계정인(法界定印)38)을 한다.

- 그런 다음에 몸을 전후 좌우로 두세 번 흔들고 몸 어디에도 이상한 긴장감이 없도록 한다. 코로부터 배꼽에 이르는 중심선을 수직으로 유지하고 똑같이 양쪽 귀와 양쪽 어깨도 수평을 유지한다. 이때 몸의 밸런스를 유지하기 위하여 힘을 주는 것은 금물이다. 어디까지나 릴렉스한 상태를 유지해야 한다.

- 혀는 위 이빨에 가볍게 붙인다. 이렇게 하면 호흡은 저절로 고요하게 된다. 호신법과 오대원은 생략하겠지만 말하자면 이 수행이

---

37) 반가부좌·결가부좌

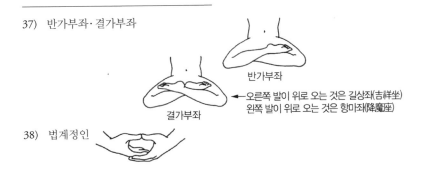

반가부좌

←오른쪽 발이 위로 오는 것은 길상좌(吉祥坐)
　왼쪽 발이 위로 오는 것은 항마좌(降魔坐)

결가부좌

38) 법계정인

34 티베트 밀교 만다라 명상법

자기를 위한 것뿐이 아니라 이 세상의 모든 사람을 위한 것이라고 생각하는 것이 요구된다. 대승불교의 자리이타(自利利他)의 정신을 잘 인식하는 것이다.

- 다음으로 대일여래의 진언인 오자진언(五字眞言)인 아비라훔캉을 백 번 외운다.
- 손은 법계정인을 하여 배꼽 앞에 둔다. 그리고 이렇게 명상한다.
- 내 몸 안에 하얗게 빛나는 월륜(둥근 달)이 있다. 물론 평면의 원이 아니라 입체의 공이다. 이미지가 떠오르지 않는 경우 수중의 구슬을 이미지화 해도 좋다. 그 크기는 직경 25센치 정도이다. 내 몸 안에 있는 월륜과 본존의 월륜과 이 세상의 모든 월륜은 같은 것이다.
- 이렇게 생각(念)하면서 양쪽 눈을 뜨고 본존의 월륜을 본다. 보았거든 또 양쪽 눈을 감고 마음속으로 그 월륜을 받아들인다. 이 작업을 몇 번이든 반복한다.
- 이렇게 하는 가운데에 당신 안에 있는 월륜이 조금씩 커가는 감각이 생기거든 그 감각을 더욱 확대해 가도록 조작한다. 잘하면 월륜은 우주의 크기까지 확대된다. 그때 자기라고 하는 의식을 완전히 버리고 또 명상의 대상인 본존이라고 하는 의식도 완전히 버려 양자가 완전히 융합되는 경지를 실현한다.
- 잠시 그 경지를 즐긴 다음에 이번에는 우주의 크기까지 확대한 월륜을 조금씩 축소한다. 그리고 본래의 25센치 정도의 크기로 만들어 당신의 몸속으로 받아들인다. 그때 몸과 마음이라고 하는 구별을 완전히 버리고 양자가 완전히 융합하는 경지를 실현한다.

• 피곤해지면 부처에게 고맙다는 인사를 하고 명상을 마친다.

월륜의 확대와 축소의 과정은 심신에 부담이 될 수도 있기에 절대 무리하지 않는다. 생각(思念)이 너무 강하면 생각하지도 못한 함정이 기다리고 있기 때문이다. 초조해하지 말고 시간을 들여서 조금씩 그리고 중단 없이 수행하는 것이 무엇보다도 중요하다.

제2장

실천편 [1]

아촉 32존
만다라 명상법

오불(오여래)	사불모	오금강녀
1. 아촉금강	6. 불안모	10. 촉금강녀
2. 비로자나여래	7. 마마키	11. 색금강녀
3. 보생여래	8. 백의모	12. 성금강녀
4. 무량광여래	9. 해탈모	13. 향금강녀
5. 불공성취여래		14. 미금강녀

8대 보살

15. 미륵보살
16. 지장보살
17. 금강수보살
18. 허공장보살
19. 세자재보살(관자재보살)
20. 문수보살
21. 제개장보살
22. 보현보살

10 분노존

23. 야만타카
24. 프라즈난타카
25. 하야그리바
26. 비구난타카
27. 아차라
28. 탓키라쟈
29. 니라단다
30. 마하바라
31. 우슈니샤차크라발틴
32. 숨바라쟈

제2장

실천편 [1]
아촉 32존 만다라 명상법

아촉 32존 만다라 명상법

아촉 32존이란

지금 소개하는 것은 티베트 밀교의 여러 만다라 명상법 가운데에서도 가장 고도의 '아촉 32존 만다라' 명상법이다. 이 만다라는 이름이 가리키는 대로 아촉금강(阿閦[1]金剛)을 본존으로 해서 그 주위에 많은 부처들[2]이 배치되고 총 합계가 32가지에 이른다. 32존의 내용은 아래와 같다.

　　5불(5여래) － 아촉여래(중앙)

　　　　　　　　비로자나여래(바이로차나=동)

　　　　　　　　보생여래(라트나삼바바=남)

　　　　　　　　무량광여래(아미타바=서)

---

1) 아촉(阿閦)은 산스크리트어 akṣobhya의 음사이다. 촉은 축(閦)을 빌려 쓴 글자이다.
2) 부처의 이름은 티베트에서도 중국에서도 기본적으로는 인도 이름의 의미를 충실하게 번역했다. 다만 여기에서 적당한 번역어를 찾을 수 없었기 때문에 본래의 발음을 그대로 음사한다. 또한 한자 표기에도 석가(śākhya)·아촉(akṣobhya)·비로자나(vairocana)처럼 인도 발음을 한자로 음사하고 있는 것도 있다.

불공성취여래(아모가시티=북)

4불모 – 불안모(로차나=동남)

　　　　마마키(남서)

　　　　백의모(판다라바시니=서북)

　　　　해탈모(타라=북동)

5금강녀 – 촉금강녀(스파르샤바즈라=중앙)

　　　　색금강녀(루파바즈라=동남)

　　　　성금강녀(샤부다바즈라=남서)

　　　　향금강녀(간다바즈라=서북)

　　　　미금강녀(라사바즈라=북동)

8대보살 – 미륵보살·지장보살(동)

　　　　금강수보살·허공장보살(남)

　　　　세자재보살(관자재보살)·문수보살(서)

　　　　제개장보살·보현보살(북)

10분노존 – 야만타카(바즈라바이라바=대위덕=동문)

　　　　프라즈난타카(아파라지타=무능승=남문)

　　　　하야그리바(파드만타카=마두=서문)

　　　　비구난타카(아무리타쿤다리=감로군다리=북문)

　　　　아차라(부동=동남)

　　　　탓키라쟈(남서)

　　　　니라단다(서북)

　　　　마하바라(대력=북동)

우슈니샤차크라발틴(불정전륜왕=상방)

숨바라쟈(손바왕=하방)

구히야사마쟈(비밀집회) 탄트라

아촉 32존 만다라는 『구히야사마쟈(비밀집회) 탄트라』를 근본 텍
스트로 하여 형성되었다. 구히야사마쟈(비밀집회)란 깨달음의 비밀
스러운 모임이라고 하는 의미이며 밀교의 부처 이름이다. 티베트어
는 상바 듀빠[3]라고 한다. 이 불가사의한 이름을 갖는 부처는 모든
탄트라의 왕이라고 하는 『비밀집회탄트라』의 본존의 지위에 있으며
후기밀교의 부처 가운데에서도 가장 많이 알려져 있다.

『비밀집회탄트라』는 8세기에 성립했다고 추정되며 부·모·쌍입불
이의 세 가지로 구성되어 있다. 부톤[4] 이래 탄트라 분류법으로 말하
자면 부탄트라에 속한다. 이 탄트라는 밀교 경전의 계보로 말하자면
『금강정경』[5]의 가르침의 연장선상에 위치하며 그 가르침을 구체화
하는 수행의 방법을 개발했다고 생각해도 좋다. 실은 그 방법이야말
로 성적 요가의 도입이었기 때문에 그 등장은 인도불교사에 있어서
큰 사건이며 후기 밀교는 실로 이 탄트라부터 시작되었다.

---

3) 티베트어 상바(gsang ba)는 비밀이란 의미이고 듀빠('du pa)는 집회라는 의미이다.

4) 부톤(1290~1364)은 티베트 불교 사상의 최고 권위자이다. 대장경의 마지막 편찬
    을 비롯하여 각 방면으로 초인적인 업적을 남겼다. 계율을 준수하고 밀교 주술을
    부정하는 것으로 유명하다. 쫑카파의 정신적인 스승이다.

5) 『금강정경(金剛頂經)』은 『大日經』과 함께 중기 밀교를 대표하는 경전이다. 중기 밀
    교를 완성하는 것과 함께 후기 밀교의 전개에 크게 기여했다. 오상성신관(해탈을
    위한 다섯 단계의 명상법)과 28종류의 금강계 만다라를 설한다.

구히야사마자

구히야사마자에는 문수금강(文殊金剛)6)·아촉금강(阿閦金剛)7)·세자재(世自在)8) 세 가지가 있다. 이 중에서 문수금강과 아촉금강 두 개가 구히야사마자의 핵심이며 각각 즈냐나파다류와 성자류라고 불리는 유파를 형성해 왔다.

구히야사마자의 모습은 대략 다음과 같다. 먼저 그 특징을 보면 첫 번째는 얼굴이 세 개이고 팔이 여섯 개의 야부윰(남녀합체존)이며 반드시 앉은 모양을 하고 있다. 몸 색깔은 푸른색이든가 사후란색(금차색)이든가 빨간색이다. 전체 인상은 분노와 탐욕과 적정이 융합한 것으로 표현되고 있다. 얼굴은 세 개 있으며 정면의 얼굴은 이빨을 드러낸 분노의 표정이다. 오른쪽 얼굴은 적정의 표정이다. 왼쪽 얼굴은 탐욕의 얼굴이다. 팔은 좌우로 세 개씩 있으며 좌우 중앙의 두 개가 바즈라·훔·카라印9)을 맺고 있으며 네 개의 팔은 특정한 밀교 법구를 가지고 있다. 그는 야부(남존)로서 윰(여존)과 성적 요가를 실천하고 있다. 그녀는 야부와 똑같이 세 개의 얼굴과 여섯 개의 팔을 가지고 있으며 몸 색깔도 야부에 준한다.

구히야사마자의 출처는 아직 잘 알려져 있지 않다. 밀교의 다섯

---

6) 문수보살의 화신인 구히야사마자이다. 몸 색깔은 사후란색이다.
7) 아촉여래의 화신인 구히야사마자이다. 몸 색깔은 청흑색이다. 야부윰(남녀합체존)의 자세를 하고 있으며 깨달음의 엄숙한 모양을 한 아촉여래보다도 훨씬 활동적이다.
8) 세자재(世自在)는 관음보살의 화신인 구히야사마자이다. 몸 색깔은 적색이다. 티베트 불교의 부흥의 대은인인 아티샤가 관음신앙이 왕성한 티베트를 위하여 창조했다고도 한다.
9) 바즈라·훔·카라印 쫑카파 4쪽 참조

부처(五佛) 가운데에 하나이다. 분노를 극복한 것이라고 하는 의미를 갖는 부처, 즉 아촉여래와의 친연성은 구히야사마자 가운데 아촉금강이라고 하는 이름이 있는 것으로도 일찍부터 시사되었다. 아촉여래가 후기밀교에 이르면 그때까지 만다라의 중심을 점하고 있었던 비로자나여래(대일여래)를 대신하여 밀교의 주역의 지위에 오른 사실로부터 미루어 보아도 구히야사마자의 전신이 아촉여래라고 하는 설은 무리가 아니다. 하지만 구히야사마자는 동시에 문수보살과도 밀접한 관계가 있는 것도 분명하기에 이야기는 복잡하다. 적어도 문수보살을 가장 존경하고 있으며 자신도 문수보살의 화신이라고 간주될 정도였던 쫑카파는 구히야사마자와 문수보살과의 사이에는 밀접한 관계가 있다고 확신했기 때문에 이 부처를 본존으로 하는 수행법을 가장 높은 것이라고 인정한 것이다.

성자류

앞에서 성자류(聖者流)는 아촉금강을 숭배하는 유파라고 언급했다. 여기에 소개하는 32존 만다라는 그 성자류가 개발한 만다라이다. 성자류라고 하는 유파는 티베트에 남겨진 전승으로는 나가르쥬나(용수)10)와 아리야데바(성천)11)라는 스승과 제자가 창시했다. 이 두 사

---

10) 한자 이름은 용수(龍樹)이다. 불교학계에서 보통 용수(龍樹)라고 하면 대승불교 최대 논사(철학자)이며 공(空) 철학을 전개하여 중관파의 시조로 유명하다. 그러나 그는 2~3세기에 활약한 인물이며 8세기 이후에 활동한 성자류의 용수(나가르쥬나)는 같은 이름의 다른 인물이다. 다만 성자류의 용수(나가르쥬나)도 용수의 공(空) 철학을 계승한 것은 틀림없으며 티베트 불교계에서 양자는 동일 인물이라고 믿는다.
11) 한자 이름은 성천(聖天)이다. 중관파의 시조인 용수의 제자이다. 그러나 여기에서 말하는 성천(아리야데바)은 8세기 이후에 활동한 성자류의 용수(나가르쥬나)의

람은 유식학파[12]와 함께 대승불교 철학의 2대 유파의 하나인 중관학파[13]의 조사들이다. 따라서 쫑카파를 비롯한 사람들은 완전히 도외시하고 있었다. 물론 중관파의 나가르쥬나와 아리야데바는 2세기부터 3세기에 활약했던 인물이며 『비밀집회탄트라』가 편찬된 8세기와는 멀리 떨어져 있어서 동일 인물일 수가 없다. 그러나 성자류의 사상 가운데에는 중관학파적인 경향을 분명히 찾을 수 있기에 중관학파의 나가르쥬나와 아리야데바를 밀교자인 나가르쥬나와 아리야데바와 동일시하는 것은 역사적인 사실관계가 어떻든 간에 종교적으로는 전적으로 잘못된 것이라고 말할 수 없다. 어찌됐든 쫑카파에 의하면 구히야사마자 성자류야말로 수행자를 깨달음으로 이끄는 최고의 방법이라고 주장하고 있다. 이것을 생각하면 이 아촉 32 만다라의 명상법은 매우 높은 가치를 지니고 있다고 해도 좋다.

텍스트에 대하여

텍스트는 쫑카파가 지은 『길상비밀집회 성취법 청정유가차제』에서 만다라의 명상에 관한 부분을 적당히 추출해서 사용한다. 『길상비밀집회 성취법 청정유가차제』에 적혀 있는 내용은 이른바 생기차제

제자이다.

12) 유식학파는 이 세상에는 실로 아무것도 존재하지 않으며 '오직 식뿐'(唯識, vijñaptimātra), 즉 '이 세계는 오직 식(vijñapti)만이 존재한다'고 주장하는 인도를 대표하는 불교학파이다. 참고로 인도불교를 대표하는 4대 학파에는 설일체유부(說一切有部), 경량부(經量部), 유식학파(唯識學派), 중관학파(中觀學派)가 있다.

13) 중관학파는 이 세상에 존재한다고 우리들이 믿고 있는 것은 모두 언어의 허망성에 의해서 마치 있는 것처럼 보이고 느껴질 뿐이며 실은 아무것도 존재하고 있지 않다고 주장한다. 티베트 불교에서는 이 중관파를 정통이라고 한다.

[구히야사마자 = 아촉금강의 탕카14)]

---

14) 탕카(tangka)는 주로 면직물 위에 그리는 티베트 불교 관련 그림을 말한다. 우리나라 절에서 사용하는 탱화와 비슷한 용어이다.

(생성의 과정) 그 자체이며 본격적으로 수행을 계속하고자 하는 사람은 만다라를 명상하여 자유자재로 구사할 수 있는 단계에 이른 다음에 다시 더욱 고도의 명상에 들어가도록 구성되어 있다. 만약 흥미가 있는 사람은 그 전에 번역한 『티베트의 죽음의 수행』을 읽어주기 바란다.

만다라 명상법의 실천과정

만다라 명상과 심신 정화

이 장의 목적은 어디까지나 만다라의 명상이지만 이 명상에는 여러 가지 상황이 발생한다. 그 하나가 심신 정화이다. 단지 만다라를 명상하는 것만으로 만다라의 명상이 완성된 것은 아니다. 그 만다라를 수행자의 마음과 몸에 넓게 두는 것도 심신의 정화에 중요한 목적이 된다. 구체적으로 말해서 본 편에서 말하는 9장, 즉 '신앙의 만다라를 자신의 신체에 주입하는 과정'이 거기에 해당한다. 꼭 이 과정을 실천하여 몸과 마음의 정화가 이루어지기를 기대한다.

0. 수행에 적당한 장소를 고르는 과정

수행에 적당한 장소란 아름다운 꽃들이 피고 여러 가지 과일이 열리고 맑은 물이 흐르는 산이다. 혹은 예부터 전해 내려온 적정한 장소도 좋다. 적당하다고 생각되는 적정한 장소의 한쪽에 부드러운 자리를 만들고 얼굴을 동쪽으로 향하여 금강살타처럼 반가부좌 내지 결가부좌15)의 형태로 앉는다. 수행을 시작하는 데 있어서 호법신에게 전행(前行)의 공양을 바친다. 그 다음 수행의 완성을 방해하는 여러 가지 장애를 소멸하는 기도를 한다.

1. 스스로 진금강(眞金剛)이 되어 교령윤신(敎令輪身)[16]을 생성하는 과정

【목적】

본 과정의 과제는 여러 가지 장애(摩)로부터 당신 자신을 방어하고 보호하는 것이다. 자기 '자신을 방어하고 보호하는 것'을 자방호(自防護)[17]라고 한다. 이어서 자기 자신을 더욱 영적으로 방어하는 일이 일어나는데 이것을 요가(명상)의 방어라고 한다. 방어는 이것으로 끝나는 것이 아니다. 이어지는 과정에서도 일어난다. 방어하고 보호해야 할 대상은 수행의 영역이며 이것을 타방호(他防護)라고 한다. 마지막으로 이상의 세속적인 방어(未了義防護)[18]에 대하여 부처의 진리인 승의적인 방어(了義防護)[19]가 행해지면 모든 방어가 끝난다.

밀교에서는 무언가의 종교적 행위를 실시할 경우 이와 같이 먼저 자기자신을 장애로부터 방어하고 보호하기 위한 수습이 반드시 이루어진다.[20] 만약 방어하고 보호하는 행위를 거치지 않고 종교적 행위를 하면 틈이 생긴다. 그 틈으로 마적인 존재가 스며들 우려가 크기

---

15) 결가부좌 · 반가부좌

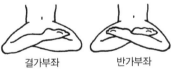

결가부좌   반가부좌

16) 교령윤신(敎令輪身)이란 자비로서는 구제할 수 없는 악랄한 자를 굳이 폭력을 발동하여 구제하는 부처이다. 일본에서는 부동명왕(不動明王)이 그 전형적인 예이다.
17) 호법신(護法神)이란 불교를 수호하는 신들이다. 대부분 힌두교의 신들로부터 전향된 것이지만 티베트의 지방신도 포함된다.
18) 세속적인 방호란 주술 행위의 힘으로서 자신을 방어하고 보호하는 것이다.
19) 승의적인 방호란 부처의 진리의 힘으로서 자신을 방어하고 보호하는 것이다.
20) 전행(前行)이란 본격적인 수행으로 들어가기 전에 행해지는 이른바 연습하는 수행이다.

때문이다. 그리고 진금강(瞋金剛)이란 분노하는 부처라는 의미이다. 보다 구체적으로 말하면 이 만다라 명상법의 본존인 아촉금강(阿閦金剛)을 가리킨다.

【실천】

먼저 이렇게 명상한다.

모든 존재의 본질과 원인과 결과 이 모두는 아무런 실체도 갖지 않는 공성(空性)21)이다. 그리고 우리들이 지닌 일반적인 감각이나 의식이 파악하고 있는 사물을 부정하고 물질적 존재는 모두 만다라이며 살아 있는 모든 것은 부처라고 간주하고 다음 진언을 외운다.

옴
스바바바 슛다살바
다르마하 스바바바 슛다함
모든 사물의 본질은 청정하기 때문에 나의 본질도 또한 청정하다.

이어서 다음과 같이 명상한다.

• 당신의 눈앞에 있는 허공에 팜 종자22)가 있다.

---

21) 5쪽 참조

22) 종자(種子) : 식물의 종자(種子)처럼 만물을 생성하는 근본을 의미한다. 밀교의 모든 부처는 제각각 자신의 종자를 배당받는다. 범자(梵字)로도 쓴다. 각각의 부처에게 배당된 종자는 그 부처의 진언의 첫 번째 문자일 때도 있고 제일 끝 문자일 수도 있으며 혹은 이름의 첫 글자인 경우도 있기에 반드시 통일되어 있지는 않다. 밀교 사상에서는 먼저 이 종자를 명상하고 거기서부터 부처의 전체 상을 구체화해 가는 과정에 들어간다. 실천의 자세한 것에 대해서는 본문을 읽어주기 바란다. 기본 원칙으로는 종자를 구체적인 형태로 차례대로 변용시켜간다. 그 사상적 배경은 문자 혹은 발음 가운데에 우주의 삼라만상이 응축되어져 있다고 보는 데에 있다. 이것은 밀교 특유의 언어 철학적인 발상이다. 특히 알파벳의

- 그 팜 종자 가운데에 비수연화(毘首蓮華)[23]가 있다.

[팜 종자]

[비수연화]

- 그 비수연화의 중심으로부터 아후 종자가 생긴다.

- 그 아후 종자로부터 일륜(日輪)이 출현한다. 그 일륜 위에 황색 부룸의 종자가 생긴다.

[아후 종자]

- 그 부룸 종자로부터 노란 십복륜(十輻輪)이 출현하고 오른쪽으로 빠른 속도로 돌면서 회전하고 있다.

[부룸 종자]

- 그 십복륜 안에는 금강[24]의 빛의 구름으로 된 수레바퀴[25]가 사방에 넓게 펼쳐지고 그 중심에 비수연화가 있고 비수연화 위에는 월륜(月輪)의 자리가 있다.

[십복륜]

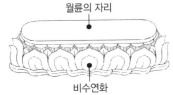

월륜의 자리

비수연화

[비수연화와 월륜의 자리]

선두에 위치하는 아字=阿字=ཨ는 긍정과 부정의 저편에 있는 영원불변한 진리와 모든 언어의 어머니와 더 나아가서는 삼라만상의 근원을 상징한다.

23) 비수연화(毘首蓮華)는 이중(二重)으로 된 연꽃을 말한다. 비수는 산스크리트어의 바이슈바(모든·일체)의 음사이다.

24) 금강(금강석)은 금 중에서 가장 딱딱한 다이아몬드를 말한다. 불교 특히 밀교에서는 부처의 허물어지지 않는 지혜를 상징한다.

25) 복리 복륜에서 10복륜이란 10개로 구획된 수레바퀴를 말한다. 10개의 축을 가진 수레바퀴를 생각하면 좋다. 똑같이 8복륜이란 8개로 구획된 수레바퀴를 말한다. 특히 후자의 8복륜은 만다라의 기본이기에 그림을 참고하여 이미지로 가지고 있는 것이 좋다.

• 그 월륜의 자리 주변에 팔복륜(八輻輪)이 있다.

• 그 팔복륜의 8개의 끝부분에서 조금 뜬 상태로 8개의 비수연화와 일륜(日輪)의 자리가 있다.

[팔복륜]

다음으로 이렇게 명상한다.

• 월륜의 자리의 중앙 위에 당신 자신이 지금강(바즈라따라 = 도루제짱)이 되어 앉아 있다. 그 몸 색깔은 하얗고 세 개의 얼굴을 가지고 있으며 정면은 하얗고 오른쪽은 까맣고 왼쪽은 빨 갛다. 팔은 여섯 개이며 오른쪽 세 개의 팔에는 금강·지팡이·

[지금강과 금강계자재모]

바퀴·연화를 왼쪽 세 개의 팔에는 방울·보배26)·검27)을 각각 가지고 있다. 눈부신 광명을 내는 수레바퀴에 둘러싸여 있는 등, 부처의 32상과 80수호를 갖추고 있으며 몸에는 여러 가지 보물로 만들어진 아름답고 장식을 하고 있으며 가지각색의 비단으로 짠 옷을 입고 있다.28)

• 그리고 지금강(持金剛)은 같은 모습의 금강계자재모(바즈라다투비슈바리)에 포용되어 있다. 즉 바로 당신 자신인 지금강인 금강계자재모는 야부(남존)와 윰(여존)으로 성적 요가를 실천하고 있다.

---

26) 보배란 부처의 진리야말로 최고의 보석이라는 것을 상징한다.
27) 검이란 잘못된 사고방식이나 불교의 적을 파괴하는 것을 상징한다.

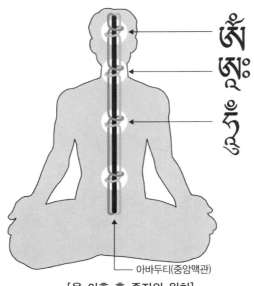

아바두티(중앙맥관)

[옴 아후 훔 종자의 위치]

- 또 지금강의 신장에는 즈냐나사트바(지혜 살타=지적 존재)가 깃
  들어 있다. 다시 바로 당신 자신인 지금강의 머리 꼭대기·목·
  가슴 이 세 군데에 삼금강(三金剛)[29] 본래의 성(性)인 옴과 아후와

---

28)

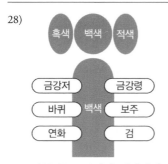

29) 삼금강(三金剛)이란 사마야사트바(삼매야 살타=약속의 존재)·즈냐나사트바(지
    혜 살타=지적 존재)·사마디사트바(삼마지 살타=명상의 존재)를 말하며 각각 신
    체(身)·언어(言)·정신(義)을 본질로 삼는다. 사마야사트바와 즈냐나사트바에 대
    해서는 야만타카 성취법을 참조해주기 바란다.

훔이라는 세 가지 종자가 있다.

- 다음으로 금강계자재모와 성적 요가를 실천하고 있는 지금강의 가슴에 있는 훔 종자가 내는 광명을 조작하여 열 개의 분노존을 신하로서 인솔하는 아촉금강을 이 장에 부르도록 한다.
- 광명이 지금강, 즉 당신 머리 꼭대기의 범공(梵孔)30) 혹은 입에 들어가서 몸 안에 아바두티(중간맥간)를 내려가 금강(남근)에 이른다.
- 그 광명을 금강으로부터 융의 연꽃(여음) 안에 쏟아낸다. 쏟아진 광명은 융의 연꽃 안에서 녹아내린다.
- 녹아내린 광명은 융의 자궁 안에서 11개의 미세한 물방울이 된다.
- 11개의 미세한 물방울은 아촉금강과 10개의 분노존으로 변하여 줄줄이 이어져서 융의 자궁 안에 깃든다.
- 자궁 안에 출현한 물방울 크기의 아촉금강의 몸 색깔은 까맣다. 세 개의 얼굴을 가지고 정면은 까맣고 오른쪽은 하얗고 왼쪽은 빨갛다.

팔은 6개 있으며 지금강과 같고 오른쪽의 세 개의 팔에는 금강 저31)·융·연꽃32)을, 왼쪽의 세 개의 팔에는 방울(鈴)·보배(寶)·검(劍)을 각각 가지고 있다.33)

바로 당신 자신인 야부 융의 자궁 안에 삽입한 금강으로부터 아촉금강을 빨아들이고 아부두티를 통하여 가슴으로 이끌어, 바즈

---

30) 범공(梵孔, 브라흐마孔)은 머리 꼭대기에 있는 영적인 입구를 말한다. 여기에서 광명이나 생명 에너지가 들어오고 빠져나간다.
31) 금강저(金剛杵)는 불교에서 잘못된 사고방식이나 장애가 되는 적을 때려 부수는 것을 상징한다. 저(杵)는 원래 적을 때려 부수는 무기이다.
32) 연화(蓮華)는 부처의 가르침을 상징한다. 여성기에 대한 은유로 사용되며 만물의 근원을 상징하기도 한다.

라다리크라는 진언을 외어 가슴 밖으로 꺼낸다. 밖으로 나오면 물방울 크기였던 아촉금강은 순식간에 거대하게 변화한다. 다시 아촉금강은 무수한 분신이 되고 모든 세계로 가서 부처로서의 일을 행하신다. 특히 분노에 가득 찬 자들의 분노를 해탈시키고 그들을 모두 아촉여래로 만든다.

다음으로 이렇게 명상한다.

- 무수한 변화신(變化身)[34]으로 된 아촉금강을 하나로 만들어서 즈냐나사트바와 융합시켜서 당신 자신의 몸 안으로 끌어들인다.
- 그렇게 하면 월륜의 자리에서 변한 일륜의 자리 위에 당신 자신이 분노하는 아촉금강으로 변한다.

이때 수행자는 아촉금강과 융합하고 그때 감각은 마치 물에 우유를 섞는 것과 같다고 전승되고 있다.

이렇게 당신 자신이 진금강이 된다. 물론 이런 진금강은 성(性)의 극한이라고도 해야 할 존재이며 어떠한 장애(魔)도 범접할 수 없다. 이 과정이 자방호(自防護)이다.

---

33) 자궁 안의 아촉금강

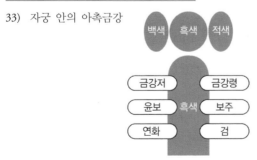

34) 변화신(變化身)이란 중생구제를 위하여 구체적인 모습을 갖추어 나타나는 신체를 가진 부처이다. 응신(應身)이라고도 한다.

- 이때 아촉금강의 몸 색깔은 파랗다.

  전체의 인상은 분노와 적정과 탐욕이 섞인 느낌이 든다.

  정면 얼굴은 파랗고 이빨을 드러내어 분노의 표정을 드러낸다.

  오른쪽 얼굴은 하얗고 적정의 표정이다. 왼쪽 얼굴은 빨갛고 탐
  욕의 표정이다.

  오른쪽의 첫 번째 손에 구고저(九鈷杵)[35]를 가지고 있는 것을 빼고
  는 융의 자궁 안에 있었을 때의 아촉금강과 다르지 않다. 당신
  자신은 매우 빛나는 광명안에서 성적 요가를 실천하고 있다.[36]
- 지금강의 성적 파트너는 금강계자재모(바즈라다투비슈바)이지
  만 아촉금강의 경우는 촉금강려(스파르샤바즈라)이다. 그녀는
  세 개의 얼굴과 여섯 개의 팔을 가지고 있으며 몸 색깔은 아촉금
  강과 똑같이 파랗다.
- 당신 자신인 아촉금강은 사마야사트야·즈냐나사트야·사마디사
  트바의 본질을 모두 가지고 있다고 굳게 믿는다.

---

35) 구고저

36)

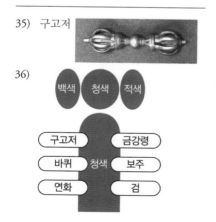

[아촉금강과 촉금강녀][37)]

2. 아촉금강의 신하인 10분노존을 생성하는 과정

【목적】

본 과정의 목적은 자기 외의 다른 것들을 방어하고 보호하는 것(타방호)이다. 타방호에는 두 단계가 있다. 먼저 제1단계에서 사악한 장애의 마들을 무너뜨리고 제2단계에서는 사악한 장애의 마들이 다시 오지 않도록 마리야를 구축한다. 이 가운데에 본 과정에서는 제1단계의 전반 부분, 즉 사악한 장애의 마(摩)들을 파멸하기 위하여 열 가지 분노존들을 생성하는 것이 과제이다.

지금강, 즉 당신은 아촉금강의 신하인 열 가지 분노존을 차례대로 생성시킨다. 분노존은 일본밀교의 명왕(明王)[38]이라고 생각해도 좋다. 말할 것도 없지만 생성된 분노존들은 본래 당신 자신으로부터 생성된 것이기 때문에 그들도 또한 바로 당신 자신이다. 이하 등장하는 부처들은 위대한 자도 비로한 자도 모두 바로 당신 자신이다. 이 점을 결코 잊어서는 안 된다.[39]

---

37)

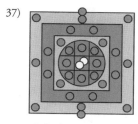

　　부처 얼굴의 색깔에 대해서 말한다. 후기 밀교의 부처들은 인간의 가장 근원적인 성질을 체현하고 있다. 아촉금강의 얼굴 색깔도 그러하며 청색으로 상징되는 분노, 백색으로 상징되는 적정, 적색으로 상징되는 탐욕은 좋든 나쁘든 인간이 갖추고 있는 성질을 나타내고 있다.

38)　명왕(明王)이란 앞에서 말했던 교령분신이다. 즉 자비로서는 구제할 수 없는 악랄한 자를 굳이 폭력을 발동하여 구제하는 부처이며 부동명왕이나 대위덕명왕 등이 이에 해당한다.

39)

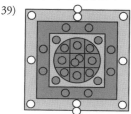

【실천】

분노존을 생성하는 과정을 이렇게 명상한다.

• 야부와 윰이 성적 요가를 실천하고 있다. 물론 야부는 당신 자신
  이다.

  윰의 자궁 안에 출현한 물방울 크기의 야만타카의 몸 색깔은 까
  맣다. 세 개의 얼굴을 가지고 정면은 까맣고 오른쪽은 하얗고 왼
  쪽은 빨갛다. 팔은 6개 있으며 오른쪽 세 개의 팔에는 지팡이,[40]
  바퀴, 금강저를 왼쪽의 세 개의 팔에는 견삭(羂索)[41]·요령·도끼[42]
  를 제각각 가지고 있다.

• 그 가운데에 왼쪽의 견삭을 가진 팔을 가슴
  앞에 들어 손가락을 세워서 위협을 나타내
  는 기극인(期剋印, 타로자니)을 맺고 있다.

• 야부는 윰의 자궁 안에서 삽입한 금강으로

[기극인]

---

40) 지팡이(杖)는 잘못된 사고방식이나 불교의 적을 때려 부수는 것을 상징한다.
41) 견삭(羂索)은 잘못된 사고방식이나 불교의 적을 묶는 것을 상징한다. 본래는 묶는
    줄을 의미한다.
42) 도끼(斧)는 잘못된 사고방식이나 불교의 적을 깨부수는 것을 상징한다.

43)

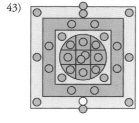

부터 야만타카를 빨아들여 아바두티를 통
하여 가슴으로 이끌어 야만카끄리타라는
진언을 외워서 가슴에서 밖으로 꺼낸다.
그리고 만다라의 팔복륜(八輻輪)의 동쪽
끝 위에 지정된 자리에 오른쪽 자리를 구
부리고 왼쪽 다리를 펼친 자세로 앉힌다.

[야만타카]43)

이하, 십분노존을 생성하는 과정은 기본적으로 똑같다. 다른 것
은 각각의 모습과 가지고 있는 법구와 외우는 진언뿐이며 그것을
제시한다.44)

• 프라즈난타카의 몸 색깔은 하얗다. 보생
여래의 관을 쓰고 있으며 세 개의 얼굴
을 갖는다. 정면은 하얗고 오른쪽은 까
맣고 왼쪽은 빨갛다. 팔은 여섯 개 있으
며 오른쪽 세 개의 팔에는 하얀 금강저
·금강의 삼매야 모양의 지팡이·검을 가

[푸라즈난타카]45)

---

44) 텍스트의 내용과 예시한 만다라 및 부처의 그림은 미묘하게 다른 경우도 있다.
그 이유는 스승으로부터 제자로 전승되는 과정에서 스승의 독자적인 체험이
가미되거나 제각각 다른 제자에게 맞게 바뀌는 경우가 있기 때문이다.

45)

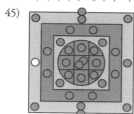

지고 있고 왼쪽의 세 개의 팔에는 견삭·요령·도끼를 각각 가지고 있다. 그 가운데 왼쪽 견색을 지닌 팔을 가슴 앞에 끌어들여 기극인을 맺고 있다.

➡ 진언은 프라난타크리타

[하야그리바][46)]

• 하야그리바의 몸 색깔은 빨갛다. 무량관여래의 관을 쓰고 있으며 세 개의 얼굴을 갖는다. 정면은 빨갛고 오른쪽은 까맣고 왼쪽은 하얗다. 팔은 여섯 개 있으며 오른쪽의 세 개의 팔에는 연꽃·검·저목(杵木)[47)]을 가지고 있으며 왼쪽의 세 개의 팔에는 요령·도끼·견삭을 각각 가지고 있다. 그리고 왼쪽의 세 팔을 허리에 걸쳐 오만한 모습을 보이고 있다.

➡ 진언은 파트만크리타

• 비구난타카의 몸 색깔은 파랗다. 불공성취여래의 관을 쓰고 있으며 세 개의 얼굴을 갖는다. 정면은 파랗고 오른쪽은 하얗고 왼쪽은 빨갛다. 팔은 여섯 개 있으며 오른쪽 세 개의 팔에는 비수금강·바퀴·곤봉을 왼쪽 세 개의 팔에는 견삭·요령·도끼를 각각 가지

---

46)

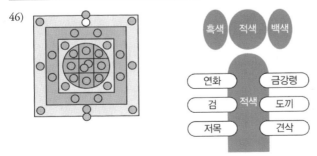

47) 저목(杵木)은 곡식 등을 빻거나 찧거나 하는 나무로 만든 기구이다.

고 있다. 그 가운데에 왼쪽의 견삭을 가진
팔을 가슴 앞에 들어 기극인을 맺고 있다.

➡진언은 비그난타크리타

• 아차라의 몸 색깔은 파랗다. 비로자나여
래의 관을 쓰며 세 개의 얼굴을 갖는다.
정면은 까맣고 오른쪽은 하얗고 왼쪽은
빨갛다. 팔은 여섯 개 있으며 오른쪽의
세 개의 팔에는 검·금장저·바퀴를 가지
고 있으며 왼쪽의 세 개의 팔 가운데에 두
개에는 도끼·견삭을 각각 가지고 있으며
왼쪽에 아무것도 가지지 않은 팔은 가슴
앞으로 끌어당겨 기극인을 맺고 있다.

[비구난타카]48)

[아차라]49)

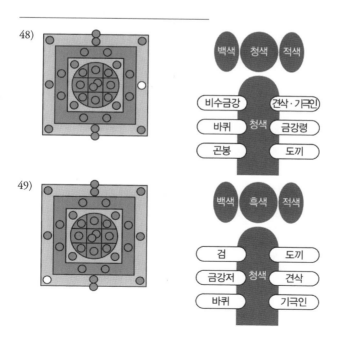

➡ 진언은 아차라크리타

• 다키라자의 몸 색깔은 파랗다. 보생여래의 관을 쓰고 있으며 세 개의 얼굴을 갖는다. 정면은 까맣고 오른쪽은 하얗고 왼쪽은 빨갛다. 팔은 여섯 개 있으며 가장 아래의 좌우의 팔은 손으로 바즈라·훔·카라印을 맺고 있다. 왼쪽의 다른 두 개의 팔에는 금강저·검, 왼쪽의 다른 두 개의 팔에는 견삭·갈고리를 각각 가지고 있다.

[다키라자]50)

➡ 진언은 타키야자크리타

• 니라단다의 몸 색깔은 파랗다. 무량광여래의 관을 쓰고 세 개의 얼굴을 갖는다.

[니라단다]51)

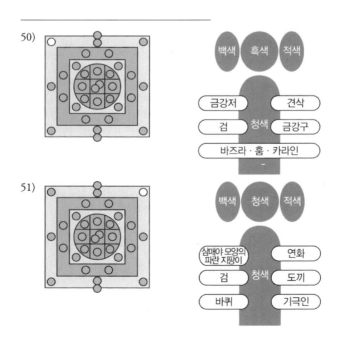

정면은 파랗고 오른쪽은 하얗고 왼쪽은 빨갛다. 팔은 여섯 개 있으며 오른쪽 세 개의 팔에는 금강의 삼매야 모양이 새겨진 푸른 지팡이·검·바퀴를, 왼쪽의 세 개의 팔에는 연꽃·도끼를 각각 가지며 왼쪽에 아무것도 가지지 않은 팔은 가슴 앞으로 끌어당겨 기극인을 맺고 있다.

➡진언은 니라단다크리타

• 마하바라의 몸 색깔은 파랗다. 불공성취 여래의 관을 쓰며 세 개의 얼굴을 갖는 다. 정면은 까맣고 오른쪽은 하얗고 왼쪽 은 빨갛다. 팔은 여섯 개 있으며 오른쪽 의 세 개의 팔에는 금강의 삼매야 형이 있는 까만 지팡이·금강저·바퀴를, 왼쪽

[마하바라]52)

의 세 개의 팔에는 견삭·삼고조·도끼를 각각 가지며 왼쪽의 견색 을 가지고 있는 팔을 가슴 앞으로 끌어당겨 기극인을 맺고 있다.

➡진언 마하바라크리타

• 우슈니샤차크라발틴의 몸 색깔은 파랗다. 아촉여래 관을 쓰며 세 개의 얼굴을 갖는다. 정면은 파랗고 오른쪽은 하얗고 왼쪽은

---

52)

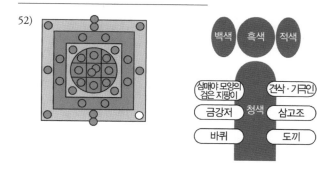

빨갛다. 팔은 여섯 개가 있으며 좌우의
각각 한 개의 팔은 가슴 앞에 들어서
손에 우슈니샤의 인을 맺고 있다. 오른
쪽의 나머지 두 개의 팔에는 금강저·
연꽃을 가지며 왼쪽의 나머지 두 개의
팔 가운데에 하나는 검을 가지고 다른
하나는 기극인을 맺고 있다.

[우슈니샤차크라발틴][53]

➡진언은 우슈니샤카타르발틴끄리티
• 숨바라샤의 몸 색깔은 파랗다. 아촉여
래의 관을 쓰고 있으며 세 개의 얼굴을
갖는다. 정면은 까맣고 오른쪽은 하양
고 왼쪽은 빨갛다. 팔은 여섯 개가 있

[숨바라샤][54]

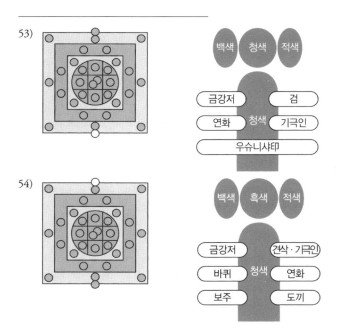

으며 왼쪽의 세 개의 팔에는 금강저·바퀴·보배를, 왼쪽의 세 개의 팔에는 견삭·연꽃·검을 각각 가지고 있고, 왼쪽의 견삭을 가지고 있는 팔을 가슴 앞으로 끌어당겨 기극인을 맺고 있다.

➡진언은 숨바라쟈크리타

• 이들 10개의 분노존들의 머리털은 적황색이며 불꽃처럼 반대로 서 있고 눈썹과 수염도 똑같이 적황색으로 불타오르고 있는 것과 같다. 각각 세 개씩 있는 얼굴에 그 세 개의 눈[55]도 모두 빨갛게 상기되어 있고 동그랗다. 입의 상하 좌우에 네 개의 예리한 이빨을 드러내어 탁탁하고 흉포한 소리로 외치고 있다. 분노의 형상이 대단하며 얼굴을 찌푸려서 주름투성이다. 배는 크게 늘어진 붓과 같으며 여러 가지 보배로 장식된 호랑이 생가죽의 치마를 걸치고 있다. 머리털은 셀 수 없는 푸른색의 뱀으로 묶여 있으며 빨간색의 타크샤카 용[56]의 귀 장식은 여러 색깔의 크리카 용의 팔걸이, 팔찌보다도 하얀 연꽃의 목걸이를 부착하고 있다. 다시 노란 소라 고둥으로 만든 팔찌를 하고 있고 녹색의 칼코타카 용의 어깨걸이를 하고 있으며 감로색의 바스키용의 띠를 차고 하얀 큰 연꽃의 발찌를 붙이고 있다.

• 그리고 몸에서 생긴 지혜의 불을 빨간 연꽃 모양으로 태우며 사악한 자들이 굴복하는 모습으로 만다라에 자리를 차지하고 있다고 명상한다.

---

55) 제3의 눈(三眼)은 이마의 중앙에 있다. 영적인 눈으로 특수한 힘을 가지고 있다.
56) 용(龍)은 본래 쉬바신의 상징이며 분노계의 부처의 장식으로서 사용된다. 용의 뇌광(벼락 천둥의 번쩍거리는 빛)과 뱀의 맹독 등 지극히 위협적인 요소를 강하게 지니고 있다.

[제3의 눈을 가진 분노존]

[호랑이 생가죽의 치마]

[타크샤카 용의 귀 장식]

[변색]

3. 장애의 방해(魔)를 풀부로 격파하는 과정

【목적】

본 과정의 목적은 타방호 첫 단계의 후반부에 해당하며 앞의 과정에서 생성한 10가지의 분노존들을 구사하여 사악한 장애의 방해(魔)를 파멸하는 데에 있다. 그때 사용되는 영적인 무기가 풀부이다. 풀부란 보통 말뚝이라고 번역된다. 예리한 쐐기 모양의 밀교 법구이다.[57] 밀교 법구에 흔히 있는 것처럼 본래는 고대인도에서 사용한 무기의 일종이다. 범어는 '키라'라고 한다.

【실천】

먼저 이렇게 명상한다.

• 만다라의 아래에 있는 숨바라쟈에 분신을 생성시킨다.

• 분신으로 나타난 숨바라쟈를 자기 앞에 불러내어 앉힌다.
  그가 '무엇을 할까요'라고 물으면, 다음과 같은 진언을 외우면서 명령한다.[58]

---

57) 풀부(금강말뚝)

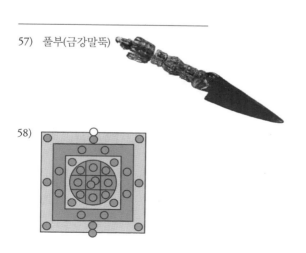

58)

오홈 순바 니순바 훔   오홈 순바 순바여 훔
구리후나 구리후나 훔   잡아라 잡아라 훔
구리나파야 구리나파야 훔   잡아오너라 잡아오너라 훔
아나야 호   데려와라 호
바가밤   세존이시여
비디야라자 훔 팟토   명왕이여 훔 팟토

- 이 진언을 외우면서 숨바라쟈에게 장애의 악마들을 잡아오라고
  명령하면 숨바라쟈의 오른쪽에 쥐고 있는 금강저가 금강갈고
  리59)로 변한다.

[금강저]   [금강갈고리]

- 숨바라쟈는 동·남·서·북·동남·서남·서북·동북·상방·하방의
  10가지 방위를 지배하는 악마들의 왕들 심장을 그 금강갈고리로
  걸어 목을 견사고로 묶어 데려와서 방위별로 열 개의 분노존에게
  인도한다.

---

59) 금강갈고리(金剛鉤)란 잘못된 사고방식이나 불교의 적을 끌어내려서 파쇄하는
   것을 상징으로 한다. 본래는 갈고리로 적을 걸어서 쓰러뜨리는 무기이다.

여기에서 이렇게 명상한다.

- 훔 종자가 10가지 방위 각각의 허공에 있다. 그것이 10개의 깊은 우물 구멍(井戶穴)으로 변한다. 그렇게 되면 열 개의 분노존은 악마들의 왕들을 각각 그 우물 구멍에 깊이 가둔다. 만약 상방과 하방을 지배하는 악마들의 왕들이 강하여 상방과 하방의 우물 구멍에 가둘 수 없는 경우에는 만다라의 동쪽의 가장 바깥쪽과 서쪽의 가장 바깥쪽에 각각 두어도 좋다.

[훔 종자]

[우물 구멍(井戶穴)]

- 다음으로 만다라의 북쪽에 있는 비구난타카에게 열 가지 몸의 분신을 생성시킨다.
- 분신으로 나타난 비구난타카를 당신 앞에 불러내어 앉힌다.
- 그들은 다시 변신하여 상반신은 비구난타카 그대로 되지만 배꼽부터 아래는 독고저(獨鈷杵)를 닮은 형태로 화염에 휩싸인 10개의 풀부가 된다.
- 거기에서 10개의 풀부가 동·남·서·북·동남·서남·서북·동북·상방·하방60)의 순으로 깊은 우물 구멍 속에 갇혀 있는 악마들의 왕들 머리에 꽂힌다고 명상한다.

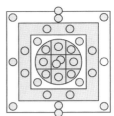

[풀부로 변신한 비구난타카]

60) 열 가지 방위

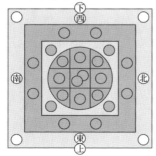
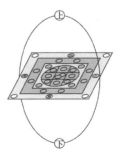

• 이번에는 앞에 출현시킨 숨바라쟈에게 비구난타카가 변화한 10개의 풀부를 갖도록 한다. 그리고 이렇게 진언을 외운다.

옴 각각
가타야 가타야
살바두시탄
팟토팟토
키라야키라야 살바파판
팟토팟토
훔 훔 훔
바즈라키라야
바즈라다라
아즈나파야티
살바비구나남
카야바쿠치타
바즈라키라야
훔 훔 훔
팟토팟토

옴 죽여라 죽여라
쏴 죽여라 쏴 죽여라
모든 흉악한 자들을
팟토팟토
말뚝이여 말뚝이여 모든 사악한 자들을
팟토팟토
훔 훔 훔
금강말뚝이여
지금강의
명령에 따르라
모든 장애의 악마들의 신체와
언어와 정신을
금강말뚝이여
훔 훔 훔
팟토팟토

• 이 진언을 외우면 숨바라쟈의 손에 있던 금강갈고리가 새빨갛게 타오르는 금강망치[61]로 변한다.

[금강갈고리]

[금강망치]

---

61) 금강망치(金剛槌)란 잘못된 사고방식이나 불교의 적을 때려 부수는 것을 상징한다. 본래는 전쟁에서 사용하는 망치이다.

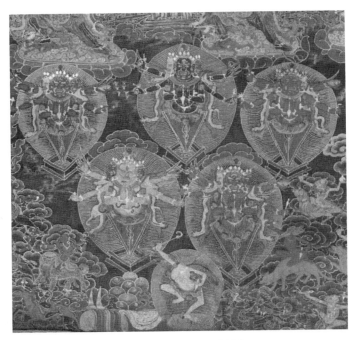

[마귀를 공격하는 풀부들]

- 금강망치로 열 개의 풀부의 머리를 때려서 동·남·서·북·동남·서남·서북·동북·상방·하방의 순으로 우물 구멍 속에 갇혀 있는 악마들의 왕들의 머리 꼭대기로부터 발끝까지 격퇴하고 그들의 신체(身)와 언어(言)와 정신(意)의 세 개의 활동을 정지시킨다.

- 이 작업이 끝나면 두 번째 숨바라쟈는 만다라의 아래쪽에 있는 본래의 숨바라쟈 안으로 다시 돌아가 녹아내린다.

- 마지막으로 열 개의 분노존들의 신체로부터 생긴 불타오르는 빨간 연꽃의 지혜 불과 금강망치로부터 새빨갛게 타오르는 불을 더욱 잘 타오르도록 하여 사방으로 향하게 하고 악마들의 신하를 모두 태워버린다.

- 그 결과 악마들의 왕들도 그 신하도 모두 사라졌다고 명상한다.

4. 장벽 등을 쌓아서 만다라를, 피갑진언(被甲眞言)을 외워서 자신을 함께 방호하는 과정

【목적】

본 과정은 타방호의 제2단계에 해당하며 만다라의 주의나 기반 등에 단단하기 그지없는 장벽이나 방어만(바리야)을 구축하여 사탄 존재가 침입하지 않도록 하는 것이 목적이다. 아울러 수행자 자신을 명상과 진언으로 방어하고 보호하는 요가의 방호를 함께 행한다.

【실천】

먼저 이 진언을 외운다.

탓키훔쟈후
탓키훔쟈후
탓키훔쟈후
탓키훔쟈후

• 그렇게 하면 만다라의 10분노존들의 주위에 강철과 같은 단단하기 그지없는 금강석(다이아몬드)의 장벽인 금강환62)이 구축된다.

---

62) 금강환(金剛環)

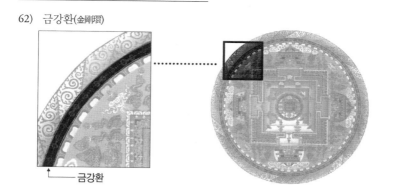

금강환

• 다시 금강환의 바깥쪽으로 수·화·풍의 세 개의 장벽이 구축된다.

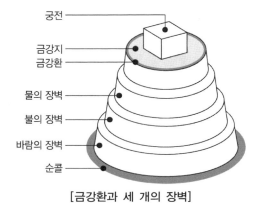

[금강환과 세 개의 장벽]

• 다음으로 만다라 상공에 훔 종자가 출현한다.
• 이 종자로부터 금강농(金剛籠)이라고 하는 투명한 금
  강석으로 된 방어막이 생기고 불탑(출탱)처럼 금강환
  에 이르기까지 만다라 전체를 마치 돔처럼 둘러싼다.

[훔 종자]

• 똑같이 금강환에 뚜껑을 덮는 것처럼 금강석으로 이루어진 보배
  뚜껑이 덮인다.
• 또 만다라 하층부에는 훔 종자로
  부터 금강석(金剛石)으로 이루어
  져 있는 금강지(金剛地, 만다라의
  기초)63)가 생긴다.

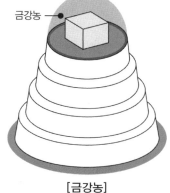

• 이 금강지의 외부와의 경계부분
  도 지혜의 불꽃을 세차게 내뿜는
  화살로 만든 그물로 모두 덮는다.

[금강농]

이 행위에 의해서 다른 것을 방어하고 보호하는 것(타방호)을 완
료한다.

이 과정을 보면 만다라는 평면이 아니라 투명한 방호벽으로 둘러싸인 반구체라는 것을 알 수가 있다.

다음으로 당신 자신의 마음과 몸을 방어하고 보호하기 위하여 이 명상을 한다.

- 부처인 당신 자신의 머리 꼭대기에 월륜의 모양을 한 차크라가 있다. 그 차크라 가운데에 옴 종자가 있다.
- 동시에 목에 연꽃 모양을 한 차크라가 있다. 그 차크라 가운데에 빨간 아후 종자가 있다.
- 동시에 가슴에 일륜 모양을 한 차크라가 있다. 그 차크라 가운데에 파란 훔 종자가 있다.
- 그들 세 개의 종자를 명상한다. 그러면 붓다의 신체·언어·정신과 당신의 신체·언어·정신이 녹아 내리고 당신 자신의 전신이 영적인 갑옷으로 둘러싸인다.
- 동시에 입에 사악한 것으로부터 몸을 지키는 피갑진언(被甲眞言)[64]을 외워서 몸과 마음이 함께 완벽한 방호의 체계를 굳혔다

---

63) 금강지(金剛地)

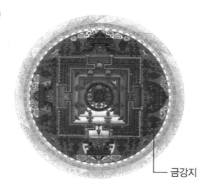

└─ 금강지

고 명상한다.

이 행위가 '요가의 방호'이며 이것으로 자방호가 완료된다.

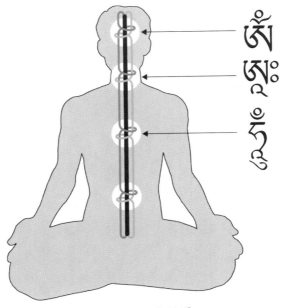

[옴·아후·훔 종자의 위치]

5. 승의의 방호를 굳건히 하는 과정

【목적】

지금까지의 행위는 만다라를 구축하는 전제로서 사악한 것을 없애고, 또 사악한 것이 침입해 오지 않도록 하는 방호를 과제로 삼았다. 다만 이제까지의 방호는 영적인 방호라고 하지만 아직 세속제 내지 미요의(未了義)의 방호, 즉 가짜 진리 내지 차원이 높지 않은 진리에

---

64) 피갑진언 : 옴바쥬라구니프라디파타야 수바하

의한 방호에 머물러 있었다. 이제부터는 점점 본격적으로 만다라를 구축하는 과정에 들어간다.

그러기 위해서는 구축되는 만다라가 실체라고 하는 것과 같은 잘못된 인식을 철저하게 배제하지 않으면 안 된다. 좀 더 구체적으로 말하자면 대승불교에 있어서 절대의 진리라고 해야 할 공성(空性)을 명상함으로써 잘못된 사고방식이나 견해로부터 완전히 멀어져 그렇게 심신을 방어하고 보호하는 것이다. 이 행위가 승의제 내지 요의(了義)의 방호로서 본 과정의 목적이다.

그리고 본 과정은 텍스트 말미 부분에 "순콜과 물질군과 생명군이 녹아 융합하여 광명이 되고 광명의 소용돌이가 되어 마침내는 공(空)이 된다고 명상한다"라고 끝이 난다. 죽음·중유·생65) 가운데의 죽음의 과정이 여기에 해당된다.

【실천】

먼저 "만다라 상의 소의(所依)66)와 능의(能依)67)를 생성시키는 행위는 당신 자신이 성불해야 할 장소를 결정하는 것이다"라고 사념한다. 이 사념을 굳히기 위해서 물질 세계는 있는 것도 아니고 없는 것도 아니라고 명상한다. 이 점에 대해서는 『비밀집회탄트라』에서 다음과 같이 말하고 있다.

---

65) 죽음·중유·생에 대한 대승불교의 사고방식에서 동물은 죽으면 중유라고 하는 상태를 거쳐서 다시 태어난다고 한다. 즉 중유는 죽음과 생의 중간에 위치하는 영적 존재이며 형태적으로는 다음에 태어날 동물의 모습을 하고 있지만 보통 사람의 눈에는 보이지 않는다.

66) 구조물

67) 부처들

물질적 존재가 존재하지 않기 때문에 그것을 명상할 수 없다.

명상되는 대상도 없으며 명상하는 주체도 없다.

이와 같이 물질적 존재는 있는 것도 아니며 없는 것도 아니기 때문에

명상되는 대상은 실재하지 않는다.

요약하면 모든 물질도 모든 생명도 부처가 보면 본질도 없고 실체도 없다, 즉 무자성(無自性)인 것이다. 따라서 명상이라고 하는 행위와 명상되는 대상과 명상하는 주체를 통상의 인식작용으로는 파악할 수 없는 공성(空性)과 무상(無相)과 무원(無願)[68]의 자성이라고 하는 세 개에 대응한다고 사념한다.

- 다시 이 세 개는 순콜[69]과 물질과 생명에 각각 대응한다고 사념한다.

---

68) 공성·무상·무원의 자성 이 세 가지를 합쳐서 3해탈문이라고 한다. 공성에서는 삼라만상이 공이라고 하는 것을 깨닫고, 무상에서는 부처도 또 공이라고 하는 것을 깨닫고, 무원의 자성에서는 그런 인지에 주체인 자신의 마음마저도 공이라고 깨닫는다.

69) 순콜이란 만다라 바깥 주변의 방호 담당 부분을 말하며 호륜(護輪)으로 번역된다.

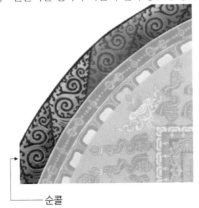

└─ 순콜

- 그 위에서 순콜과 물질과 생
  명이 녹아 융합하여 광명이
  되고 광명의 소용돌이가 되
  고 마침내는 공(空)이 되었다
  고 명상한다.

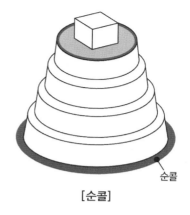

[순콜]

순콜

이 행위에 의해서 방호는 완벽
한 것이 된다.

6. 금강지분을 생성하는 과정

【목적】

본 과정에서는 앞에서 일단 광명으로 녹여 융합시켜 사라진 만다
라[70] 바깥 주위의 방어담당 부분을 이번에는 순간적으로 한꺼번에
생성시킨다. 만다라 명상의 경우 처음에는 하나하나의 요소를 순서
에 따라 생성시키지만 수행이 진척되면 모든 요소를 지금 말했던 그
대로 순간적으로 그리고 한꺼번에 생성할 수 있다고 하는 것보다도
그것을 할 수 없다면 만다라 명상은 결코 성취할 수 없다고 생각해야
한다.

그러면 금강지분, 즉 세계 기초의 생성은 불교계의 세계(우주) 생성
이론에 따라 전개된다. 그 이론에 의하면 최초에는 허공만이 있었다.

---

70) 만다라란 있어야 할 요소가 모두 있는 상태를 말한다. 만다라는 한자로는 범어의
발음을 그대로 해서 만다라(曼陀羅) 혹은 만다라(曼茶羅)라고 표기된다. 『화엄경』
등에서는 그 의미에 따라 '월륜구족(圓輪具足)'이라는 표기를 채용하고 있다. 월륜
구족이란 원형으로, 그 가운데 있어야 할 요소가 모두 갖추어져 있다고 하는
의미이다.

오직 허공만이 있었던 기간은 20겁에 이르며 그러다가 허공 중에 미풍이 생겼다. 그 미풍이 차츰 강해지고 이윽고 풍륜이 생겼다. 이어서 풍륜으로부터 불의 구름이 생겨 그 불의 구름으로부터 화륜이 생겼다. 화륜으로부터 비가 내리고 그 비가 수레바퀴만큼 두터운 강한 비가 되어 수륜이 생겼다. 그 후에 바람과 물이 뒤섞여 지륜이 생겼다.

금강지분을 생성시키는 과정은 이 과정을 그대로 따른다. 먼저 공(空)으로부터 풍륜이 생성되고 풍륜으로부터 화륜이 생성되며 화륜으로부터 수륜이 생성되고 수륜으로부터 지륜이 생성된다. 이들 4대륜이 생성되면, 이들 4대륜이 실은 불안모(로차나)·마마키·백의모(판다라바시니)·해탈모(타라)의 사불모(四佛母)[71]의 본질이라고 명상한다. 이와 같이 만다라를 구성하는 여러 가지 부처는 각각 특정한 요소를 관장하고 있다. 마지막으로 바람에 의해서 불이 타고 불에 의해서 물이 끓고 물에 의해서 땅이 녹아서 4대륜이 하나로 녹아 섞이면서 본 과정은 끝난다.

---

71) 사불모(四佛母)

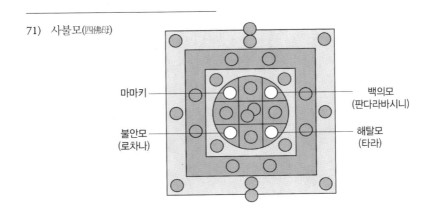

마마키
백의모
(판다라바시니)
불안모
(로차나)
해탈모
(타라)

【실천】

• 먼저 아무것도 없는 공(空)의 상태에서 순간적으로 만다라의 금강지, 그 주위의 장벽 금강농, 보배뚜껑, 불꽃을 내는 활화살의 그물 등을 완벽하게 생성시킨다.

다음으로 이렇게 명상한다.

• 만다라의 금강지의 중심에 하얀 삼각형의 얀트라가 출현한다.

[얀트라]

• 처음에는 위를 향해 있던 얀트라가 뒤집어져서 그 예리하고 뾰족한 끝부분이 금강지에 꽂힌다.

• 그러자 얀트라[72] 내부에 비수연화가 나타난다.

• 비수연화의 중심에 훔·얌·훔 종자가 존재한다. 얌 종자는 청백색이고 거기서부터 활 모양(공 모양의 반쪽)의 풍륜이 생긴다.

이 풍륜의 두 쪽을 얌 종자의 양쪽에 있던 훔 종자로부터 변화한 금강석이 장식하고 있다.

[비수연화와 세 개의 종자]

• 비수연화의 중심에 훔·람(RAM)·훔 세 종자가 출현한다. 람 종자는 빨갛고 거기에서부터 삼각추 모양의 활륜이 생긴다. 이 활

---

72) 얀트라는 법원, 즉 모든 사물의 근원이며 여기에서부터 세계를 구성하는 근원적 요소가 생성된다. 일설에는 여성기를 가리킨다고도 한다.

륜의 양쪽을 람 종자의 양쪽에 있던 훔
종자로부터 변용한 금강석이 장식하고
있다.

[훔·람(RAM)·훔 종자]

• 비수연화의 중심에 훔·밤·훔의 세 종
자가 출현한다.

밤 종자는 하얗고 거기에서부터 구상의 수
륜이 생긴다.

이 수륜의 양쪽을 밤 종자의 양쪽에 있는
훔 종자로부터 변형한 금강석이 장식하고
있다.

[훔·밤·훔 종자]

• 비수연화의 중심에 훔·람(LAM)·훔의 세
종자가 출현한다.

람 종자는 황색이고 거기에서부터 입방체
의 지륜이 생긴다. 이 지륜의 양쪽을 람 종
자의 양쪽에 있던 훔 종자로부터 변형한 금
강석이 장식하고 있다.

[훔·람(LAM)·훔 종자]

• 이상 이렇게 명상했으면 풍륜·화륜·수륜·지륜이 실은 불모(佛
母) 등의 사명비(四明妃)의 본질이라고 사념한다.

• 마지막으로 비수연화로부터 출현한 풍륜·화륜·수륜·지륜을 하
나로 녹여 융합시켜서 그것이 비수금강73)으로 변했다고 사념하
면서 이 과정을 마친다.

---

73) 비수금강은 +자 모양의 금강저이다.

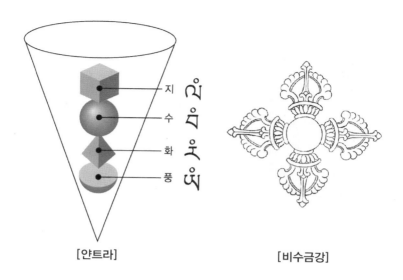

[얀트라]　　　　　　　[비수금강]

7. 만다라의 구조물을 생성하는 과정

【목적】

본 과정에서 만다라 상에 부처들이 안주할 수 있는 구조물을 생성한다. 이 구조물은 궁전 내지는 누각이라고 해야 할 구조를 가지며 완벽한 대칭형을 보인다. 다만 궁전의 구조는 대단히 복잡하기 때문에 아래에 제시하는 말만으로는 그 전체 모습을 파악하기 어렵다. 따라서 자세한 것은 삽화를 참조해주기 바란다.

【실천】

먼저 이렇게 명상한다.

• 당신의 눈앞에 있는 허공에 비수금강이 있다.
• 그 비수금강의 중심의 상공에 하얀 부룸 종자가 나타난다.

[비수금강]

ꦏꦶꦴ

[부룸 종자]

- 그 하얀 부룸 종자로부터 부처의 광명이 사방으로 비친다.
  그 비치는 가운데에 부처들이 안주하게 될 궁전의 전체 모습이
  나타난다.
- 궁전의 평면형은 정방형이다. 동남서북 사방에 네 개의 문이 있다.

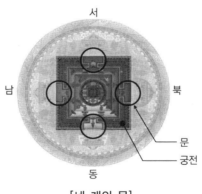

[네 개의 문]

- 궁전 내부의 벽은 백·황·적·녹·청의 다섯 색(五色)으로 채색되
  어 있다. 벽의 소재는 보석이다.
- 다섯 층의 벽 위에 보석으로 만들어진 테라스가 있다.
  테라스의 바깥쪽에는 삼각형이나 사각형의 보석으로 장식되고

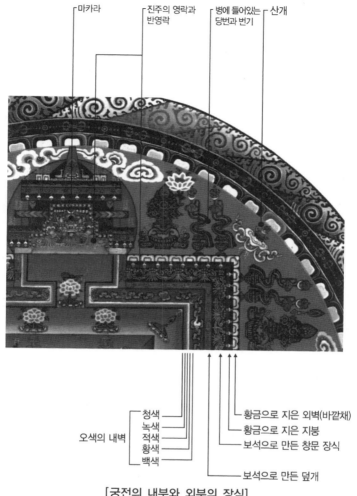

마카라   진주의 영락과   병에 들어있는   산개
반영락   당번과 번기

청색 ───   황금으로 지은 외벽(바깥채)
녹색 ───
오색의 내벽   적색 ───   황금으로 지은 지붕
황색 ───   보석으로 만든 창문 장식
백색 ───

보석으로 만든 덮개

[궁전의 내부와 외부의 장식]

황금으로 만들어진 벽이 있다. 그 벽 위에는 황금으로 만들어진
지붕이 있다. 지붕은 보석으로 만들어진 창 장식이 아래로 늘어
져 있다.

- 지붕 아래 황금으로 만들어진 부분에는 진주의 영락(瓔珞)[74]과
  반영락(半瓔珞)[75]을 입으로 토해내는 마카라[76]가 있다.

- 벽 바깥쪽에는 황금으로 만들어진 외벽이 있다.

- 외벽 위에는 황금으로 만들어진 병이 8개 있다. 그 병에는 당번(幢幡)[77]과 번기(旛旗)[78]가 흔들리고 있다. 또 사방의 구석에는 산개(傘蓋)[79]가 세워져 있다.

- 사방으로 열린 문은 문비, 문혁, 문취, 천정으로 구성되어 있다. 이들은 앞에서 말한 다섯 색(五色)으로 채색되어 있다. 문의 안쪽 부분에는 초승달에 타고 있는 빨갛고 노란 보석 및 반쪽으로 된 금강저로부터 된 장식으로 치장되어 있다.

- 문 바깥쪽에는 황금으로 병이 각각 네 개 있으며 각각의 병 위에 기둥이 서 있다.

- 기둥 위에는 토라나[80]가 있다. 토라나는 전부 11개의 단으로 구성되어 있다.

  그 11개의 단은 아래로부터 차례로 황금의 층, 지붕과 창 장식, 보석으로 만들어진 베란다, 말발굽, 암흑의대, 보루(베란다), 암흑의 방, 지붕[81]과 창 장식, 보석으로 만들어진 베란다, 말발굽,

---

74) 영락은 양끝을 고정시킨 이어진 구슬이다.
75) 반영락은 영낙과 영낙 사이에 늘어진 구슬이다.
76) 마카라는 상상의 반수반어의 바다 짐승이다.
77) 당번은 큰 장식이 붙은 깃발의 일종이다.
78) 번기는 장식된 깃발의 일종이다.
79) 산개는 부처의 두상 전체를 덮는 커다란 우산 모양의 장식이다.
80) 토라나는 문장식의 일종이다.
81) 말발굽·암흑의대·암흑의 방·보루이다. 말발굽은 아마도 말발굽형의 장식이 치장된 단을 의미하고 있다. 또 암흑의대 및 암흑의 방은 어떤 공간을 의미하고 있는 것 같다. 그 사이에 위치하는 보루(베란다)는 성벽 등에 보이는 방에 해당한다고 생각된다.

바깥채(外廊)이다.

- 토라나의 가장 상단의 바깥채(外
廊)에는 중앙에 법륜이 있으며 그
좌우에 암수의 사슴(鹿)[82]이 있다.
토라나의 기단부의 좌우에는 현병
(賢瓶)[83]이 있으며 거기서부터 여
의수(如意樹)[84]가 자라 있다.
여의수에는 윤왕칠보[85]가 장식되
어 있다.

여의수

현병

[현병과 여의수]

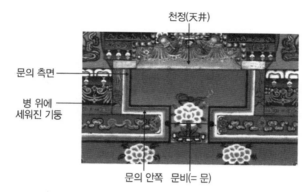

천정(天井)

문의 측면

병 위에
세워진 기둥

문의 안쪽   문비(= 문)

[문과 그 주변]

---

82) 사슴은 붓다가 처음으로 사르나트에서 법을 설했을 때 사슴이 모여서 들었다고
   하는 에피소드에 따라 불교를 상징한다. 이에 따라 붓다가 법을 처음 설한 곳을
   녹야원(鹿野園)이라고 한다.
83) 현병은 보배병이다.
84) 여의수는 가지고 싶은 것은 무엇이든지 생기게 하는 마법의 나무이다.
85) 윤보·상보·마보·주보·여보·거사보·주객보로 이루어져 있으며 전륜왕의 상
   징이다.

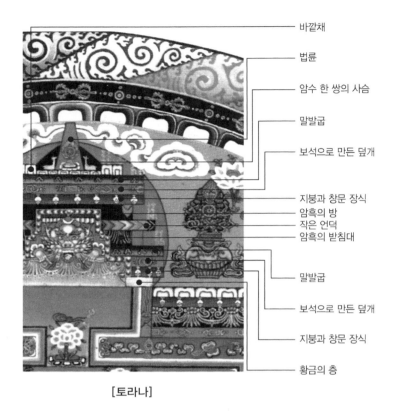

바깥채

법륜

암수 한 쌍의 사슴

말발굽

보석으로 만든 덮개

지붕과 창문 장식
암흑의 방
작은 언덕
암흑의 받침대

말발굽

보석으로 만든 덮개

지붕과 창문 장식

황금의 층

[토라나]

- 토라나와 여의수 사이의 공간에는 성취자(깨달음을 얻은 자)들이 앉아 있다.

  토라나 상공에는 화만(화륜)을 손에 든 천녀[86]들이 구름 위에서

---

86) 화만(화륜)을 손에 든 천녀

춤추고 있다.

이어서 궁전의 내진(안마당)을 명상한다.

- 내진의 중심부에 반경이
  내진의 반이고 바깥쪽이
  오색인 빛으로 된 만(輪),
  안쪽이 삼고조로 된 바
  퀴가 있다.

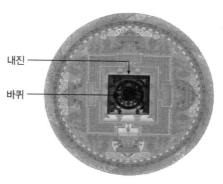

[내진과 바퀴]

- 바퀴의 동남서북에 동은
  윤보, 남은 보석, 서는
  연꽃, 북은 칼로 장식된
  각각 두 개씩의 기둥이 솟아 있으며 그 기둥에 의해서 지탱된
  금강석으로 된 투명한 둥근 천정이 있다. 둥근 천정의 정점 부분
  은 뾰족하며 금강석으로 장식되어 있다.
- 바퀴 바깥쪽의 동남서북은 감로로 채워진 병이 각각 두 개씩 합
  계 8개가 있다.
- 이 궁전은 천상계나 인간계의 궁전과는 비교할 수 없을 만큼 장
  엄하며 바깥쪽에서 내부를 볼 수도 있고 안쪽에서 외부를 볼 수
  도 있다. 궁전의 내진 바닥의 동쪽은 하얗고 남쪽은 노랗고 서쪽
  은 빨갛고 북쪽은 녹색이며 그리고 중앙은 파랗다.

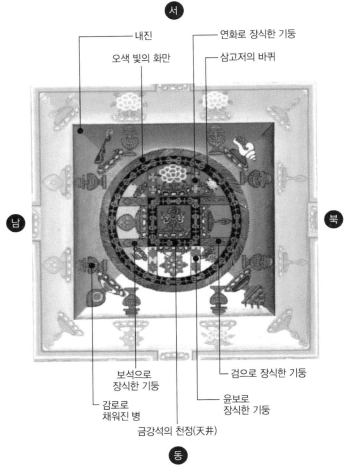

서

내진 ─

오색 빛의 화만

연화로 장식한 기둥

삼고저의 바퀴

남

북

보석으로
장식한 기둥

감로로
채워진 병

검으로 장식한 기둥

윤보로
장식한 기둥

금강석의 천정(天井)

동

[상세한 내진]

이번에 예시되는 만다라에는 성취자와 천녀는 그려져 있지 않다.

꼭대기에 있는 금강석

법륜과 사슴   영락   산개

동(흰색) ■ 남(황색) ■ 서(적색) ■ 북(녹색) ■ 중앙(청색)

[내진의 바닥]

- 궁전의 명상이 완성되면 여러 존자가 안주할 자리를 명상한다.
- 만다라의 정해진 위치에 31개[87]의 비수연화가 있다. 그들 비수연화가 다음과 같이 변한다.

[비수연화]

---

87) 31개의 자리

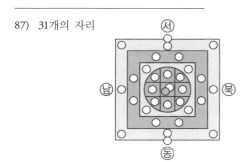

- 본존과 10분노존의 자리가 될 비수연화가 하얀 달의 자리가 된다.[88]

- 비로자나(바이로자나)여래와 동방의 여러 존자의 자리가 될 비수 연화가 하얀 달의 자리가 된다.[89]

- 마마키의 자리가 되어야 할 비수연화가 금강석의 자리로 된다.[90]

- 마마키를 제외한 남쪽의 여러 존자의 자리가 될 비수연화가 보배 의 자리로 된다.[91]

- 서방의 여러 존자의 자리가 될 비수연화가 빨간 연꽃의 자리로 된다.[92]

- 북방의 여러 존자의 자리가 될 비수연화가 비수금강의 자리로 된다.[93]

이상이 만다라의 구조물을 생성시키는 과정이다.

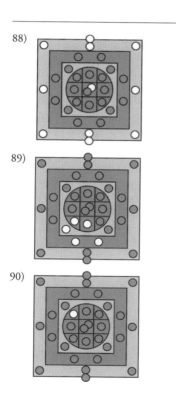

88)

89)

90)

8. 신앙의 본존륜을 생성하는 과정

【목적】

본존륜(本尊輪)이란 부처들의 집합체를 의미한다. 그것은 윤상(輪狀, 바퀴의 형상)으로 보이기 때문에 이렇게 부른다. 말하자면 부처들에 의해서 구성된 만다라이다. 이들 만다라를 구성하는 부처들이 생성되는 것이 본 과정의 목적이다.

그때 중요한 것은 본문에도 있는 것처럼 이 세상의 겁초인, 즉 이 세상의 최초 인간이 탄생하는 과정을 여실하게 보듬어 가는 데에 있다. 여러 가지 문헌에 의하면 여기서 말하고 있는 겁초인은 선부주(연

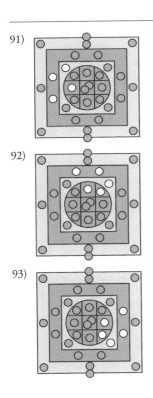

91)

92)

93)

부제=잠부드비파), 즉 우리들이 살고 있는 세계의 겁초인이다.

그 이유는 다음과 같다. 선부주의 인간은 누구나 탐욕적이며 성냄으로 넘쳐나고 어리석음에 가득 차고 괴로움이 충만해 있다. 이런 곳인 만큼 탄트라의 가르침이 딱 들어맞는 곳은 없다. 왜냐하면 탐욕과 성냄과 어리석음을 교화하는 것이 탄트라이기 때문이다. 괴로움이 충만해 있기 때문에 치열하게 부처의 법을 요구하게 되는 것이다. 이런 전개야말로 실로 탄트라가 탄트라다운 이유이다.

그런데 겁초인은 같은 인간이라고는 하지만 우리들과는 전혀 다르다. 겁초인의 수명은 무량하다. 즉 영원한 생명을 가지고 있으며 어떤 욕망도 없고 남녀의 성별도 없으며 그 신체는 부처와 똑같을 정도로 아름답고 완벽하다. 빛이 나며 환희를 음식으로 하여 공중을 비행할 수도 있다. 그것은 인간이라기보다 오히려 인도 신계에서는 천(天, 神)에 가까운 존재였다. 그러나 시간이 지나 속된 음식에 집착하게 되고 그에 따라 체질이 변화하고 남녀의 성별이 생기고 욕망을 가지게 되며 우리들과 같은 인간으로 퇴락했다고 한다.

그리고 본 과정은 죽음·중유·생의 과정 가운데 중유에 해당한다고 간주된다.

【실천】

당신이 성불해야 할 장소에서 어떻게 성불할 것인가라는 방법에 관한 과정을 수반한 부처들의 명상은 세계(혹은 우주)가 출현한 다음에 겁초인이 탄생하게 된 과정과 일치하도록 명상해야 한다. 마지막으로 신앙하는 것만으로 순식간에 32부처들을 생성시키고 이어서 그 부처들을 상세하게 차례로 명상한다. 그 방법을 다음에 제시한다.

아촉 32존 만다라

[32 부처들]

- 먼저 다섯 부처(五佛)[94](五體의 여래들)를 명상한다.
- 중앙 자리에 당신 자신을 바로 지금강인 아촉여래(아촉금강)라고

---

94) 후기밀교에서 오불(五佛)은 오온(五蘊)을 상징하고 있다. 오온이란 색온(色蘊, 물질), 수온(受蘊, 지각), 상온(想蘊, 표상, 개념), 행온(行蘊, 의지, 의도), 식온(識蘊, 인식)을 가리키며 인간의 인식 작용을 다섯 가지로 해석한 것이다. 혹은 심신환경이라고 해석할 수도 있다. 이 가운데에 아촉여래는 식온(識蘊)에 배당시켜서 정신적 요소를 관장하기 때문에『비밀집회탄트라』에서는 남성의 여러 존격은 모두 아촉여래로부터 생겨난 것이라고 설해지고 있다. 똑같이 비로자나여래는 색온(色蘊)에 배당되고 물질적 요소를 관장하기 때문에 여신(여성의 여러 존격)은 모두 비로자나여래로부터 생겨난다고 설해진다.

명상한다.

그 몸 색깔은 파랗고 세 개의 얼굴을 가지며 정면은 파랗고 오른쪽은 하얗고 왼쪽은 빨갛다. 팔은 여섯 개가 있으며 오른쪽 세 개의 팔에는 금강저·바퀴·연꽃을 가지고 있으며 왼쪽의 세 팔에는 요령·보배·검을 각각 가지고 있다. 머리털은 길고 상투를 틀고95) 있으며 보관을 쓰고 있다. 귀에는 보석으로 만들어진 귀걸이를 하고 있으며, 귀 앞에는 파란 연꽃으로

백색	청색	적색

금강저		금강령
바퀴	청색	보배
연화		검

[아촉여래(阿閦如來)]

장식하고 비단 장식을 늘어뜨리고 있다. 목에는 보석으로 만들어진 목걸이와 진주로 된 목걸이(瓔珞)를 하고 있다. 가슴에는 보석으로 만들어진 장식을 붙이고 있으며 팔에는 팔찌, 발에는 발찌를 차고 있다. 허리에는 보석으로 만들어진 허리띠를 차고 있다. 상반신은 구슬로 장식한 깨끗한 옷을 입고 있으며 하반신은 비단으로 만들어진 깨끗한 치마를 두르고 있다. 그리고 부처의 32상과 80수호96)를 갖추고 있다.97)

아촉여래는 자기와 똑같이 생긴 촉금강녀(스파르샤바즈라)를 포

---

95) 정계(頂髻)는 위로 높이 솟아 있는 머리 모양이다.

96) 32상(相)에서 상은 큰 특징을 의미하고 80수호(隨好)에서 수호는 작은 특징을 의미한다. 모두 부처의 초인성을 표현한 것이다. 예를 들면 32상은 정계·미간 백호(미간에서 빛을 낸다)·나발·수족만망(손가락 사이에 얇은 꺼풀이 있다)·수족구천폭륜(손바닥과 발바닥에 천의 주름살을 가진 차크라가 있다) 등이다. 참고로 불교사전에 의하면 80수호는 80수형호이며 대개 일반적으로 80종호라고도 부른다.

옹하고 있다.

지금강과 촉금강녀는 빛나는 만다라 중앙에 좌정하고 있다. 이하 10분노존을 제외하고 남성의 여러 존자의 머리는 지금강과 똑같다. 여성의 9존자의 머리의 반은 송이처럼 엮어 올린 모양이다. 이것은 예로부터 전해진 설이다. 부처들이 몸에 붙이고 있는 장식품도 아촉여래와 같다. 옷에 대해서도 똑같다.

• 동쪽의 비로자나(바이로차나)여래를 명상한다.

그 몸 색깔은 하얗다. 세 개의 얼굴을 가지고 있으며 정면은 하얗고 오른쪽은 까맣고 왼쪽은 빨갛다. 팔은 여섯 개가 있는데, 오른쪽 세 팔에는 바퀴·금강저·하얀 연꽃을 가지고 있으며 왼쪽의 세 팔에는 요령·보배·검을 각각 가지고 있다.98)

[비로자나여래(毘盧遮那如來)]

---

97)

[보생여래(寶生如來)]

| 흑색 | 황색 | 백색 |

보배		금강령
금강저	황색	황연화
바퀴		검

- 남쪽의 보생여래(寶生如來, 라트나삼바바)를 명상한다.

  그 몸 색깔은 노랗다. 세 개의 얼굴을 가지고 있으며 정면은 노랗고 오른쪽은 까맣고 왼쪽은 하얗다. 팔은 여섯 개가 있으며, 오른쪽 세 팔에는 보배·금강저·바퀴를 가지고 있고, 왼쪽의 세 팔에는 요령·노란 연꽃·검을 각각 가지고 있다.[99]

- 서쪽의 무량광여래(無量光如來, 아미타바)를 명상한다.

그 몸 색깔은 빨갛다. 세 개의 얼굴을 가지며 정면은 빨갛고 오른쪽은 까맣고 왼쪽은 하얗다. 팔은 여섯 개가 있으며, 오른쪽의 세 팔

---

98)

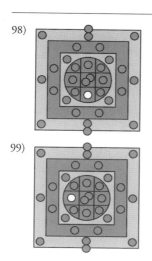

99)

가운데에 가장 아래에 있는 팔은 가슴 앞에 대고 활짝 열린 연꽃[100]을 가지고 있고 다른 두 팔에는 금강저와 바퀴를 가지고 있다.[101] 왼쪽의 세 팔 가운데에 가장 아래 팔은 허리에 대고 빨간 연꽃의 뿌리를 가지고 있으며 다른 두 팔에는 보배와 검을 가지고 있다.

- 북쪽의 불공성취여래(不空成就如來, 아모가싯티)를 명상한다. 그 몸 색깔은 초록색이다. 세 개

[무량광여래(無量光如來)]

의 얼굴을 가지며 정면은 초록색이고 오른쪽은 까맣고 왼쪽은 하얗다. 팔은 여섯 개가 있으며 오른쪽 세 팔에는 검·비수금강·바퀴를 가지고 있고, 왼쪽의 세 팔에는 요령·초록 연꽃·보배를 각각 가지고 있다.[102]

---

100) 개부연화 : 만개한 연화
101)

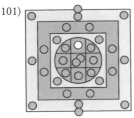

[불공성취여래(不空成就如來)]

- 四維(동남·남서·서북·북동)에 앉은 사불모(四佛母)103)를 명상한다.
- 동남의 불안모(佛眼母, 로차나)를 명상한다.104)

불안모는 비로자나여래와 같은 보배관을 쓰고 있다. 그 몸 색깔
도 비로자나여래와 똑같이 하얗다. 비로자나여래와 같이 세 개의
얼굴을 가지며 정면은 하얗고 오른쪽은 까맣고 왼쪽은 빨갛다.

---

102)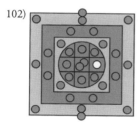

103) 사불모(四佛母)란 이미 말했던 것처럼 지수화풍이라고 하는 물질세계를 구성하는
사대(사대원소)를 상징하는 여신들이다. 즉 오불이 정신적 요소를 사불모가 물
질적 요소를 각각 상징하고 있으며 이들 양자의 융합으로부터 삼라만상이 생성
된다고 상정되어 있다.

104)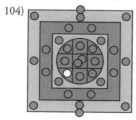

팔은 여섯 개가 있으며 비로자나여래와 같이 오른쪽 세 팔에는 바퀴·금강저·하얀 연꽃을 가지고 있고 왼쪽의 세 팔에는 요령·보배·검을 각각 가지고 있다.

[불안모(佛眼母)]

• 남서의 마마키를 명상한다.

마마키는 아촉여래와 똑같은 보배관을 쓰고 있다.

그 몸 색깔도 아촉여래와 똑같이 파랗다. 아촉여래와 똑같이 세 개의 얼굴을 가지며 정면은 파랗고 오른쪽은 하얗고 왼쪽은 빨갛다.

팔은 여섯 개가 있고 아촉여래와 똑같이 오른쪽 세 팔에는 금강저·바퀴·파랗고 빨간 연꽃을 가지고 있으며 왼쪽의 세 팔에는 요령·보배·검을 각각 가지고 있다.[105]

[마마키]

• 서북쪽의 백의모(白依母, 판다라
바시니)를 명상한다.

백의모는 무량광여래와 똑같은
보배관을 쓰고 있다. 그 몸 색깔
도 무량광여래와 똑같이 빨갛다.
무량광여래와 똑같이 세 개의 얼
굴을 가지며 정면은 빨갛고 오른
쪽은 까맣고 왼쪽은 하얗다.
팔은 여섯 개가 있으며 무량광여
래와 똑같이 오른쪽 세 팔 가운데
에 가장 아래에 있는 팔은 가슴
앞으로 가져와 빨간 연꽃의 작은

[백의모(白衣母)]

가지를 가지고 있으며 다른 두 팔에는 금강저와 바퀴를 가지고
있다. 왼쪽의 세 팔 가운데에 가장 아래에 있는 팔은 허리에 대고
빨간 연꽃의 뿌리를 가지고 있으며 다른 두 팔에는 보배와 검을
가지고 있다.106)

• 북동의 해탈모(解脫母, 타라)를 명상한다.

해탈모는 불공성취여래와 똑같은 보관을 쓰고 있다.

---

105)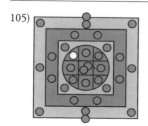

그 몸 색깔도 불공성취여래와 똑같이 초록색이다. 불공성취여래처럼 세 개의 얼굴을 가지며 정면은 초록색이고 오른쪽은 까맣고 왼쪽은 하얗다. 팔은 여섯 개가 있는데, 오른쪽 세 팔에는 비수금강·바퀴·연꽃을 가지고 있으며 왼쪽의 세 팔에는 요령·보배·검을 각각 가지고 있다.107)

• 다음으로 두 번째로 겹친 사유에 좌정하는 오금강녀(五金剛女)108)를 명상한다.

흑색	녹색	백색

비수금강		금강령
바퀴	녹색	보배
연화		검

[해탈모(解脫母)]

---

106)
107)

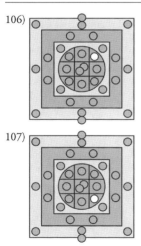

108) 오금강녀(五金剛女)는 오경(五境, 인간의 오감의 대상), 즉 색(色)·성(聲)·향(香)·미(味)·촉(觸)을 상징하는 여신이다. 오금강녀(五金剛女)는 각각의 본질을 상징하는 물건(아트리뷰트)을 손으로 하는 것 이외, 사불모(四佛母)와 똑같은 모양을 가지고 있다.

• 동남의 색금강녀(色金剛女, 루파바즈
라)를 명상한다.

색금강녀는 불안모와 거의 같은 모
양을 하고 있다.

비로자나여래와 똑같은 보배관을
쓰고 있으며 그 몸 색깔도 비로자나
여래와 똑같이 하얗다.

비로자나여래처럼 세 개의 얼굴을
가지며 정면은 하얗고 오른쪽은 까
맣고 왼쪽은 빨갛다.[109]

팔은 여섯 개가 있으며 오른쪽 팔에
는 금강저·하얀 연꽃을 가지고 있으

[색금강녀(色金剛女)]

며 왼쪽의 팔에는 보배·검을 각각 가지고 있으며 좌우의 가장
아래의 손에 빨간 거울을 들고 있다.[110]

---

109)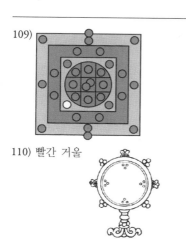

110) 빨간 거울

• 남서의 성금강녀(聲金剛女, 샤부다 바즈라)를 명상한다.

[성금강녀(聲金剛女)]

성금강녀는 마마키와 거의 같은 모양을 하고 있다. 아촉여래와 똑같은 보배관을 쓰고 있으며 그 몸 색깔도 아촉여래와 똑같이 파랗다. 아촉여래와 똑같이 세 개의 얼굴을 가지며 정면은 파랗고 오른쪽은 하얗고 왼쪽은 빨갛다. 팔은 여섯 개가 있으며 오른쪽 팔에는 바퀴·푸르고 빨간 연꽃을 가지고 있으며 왼쪽 팔에는 보배·검을 각각 가지고 있고 좌우의 가장 아래 손으로 비파111)를 연주하고 있다.112)

---

111) 비파(琵琶)

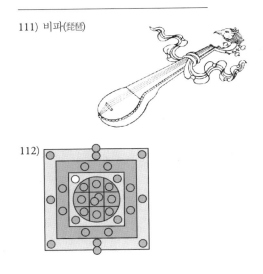

112)

• 서북의 향금강녀(香金剛女, 간다바
  즈라)를 명상한다.

  향금강녀는 백의모와 거의 똑같
  은 모양을 하고 있다.

  무량광여래와 똑같은 보배관을
  쓰고 있으며 그 몸 색깔도 무량광
  여래와 똑같이 빨갛다.

  무량광여래와 똑같이 세 개의 얼
  굴을 가지며 정면은 빨갛고 오른
  쪽은 까맣고 왼쪽은 하얗다. 팔은
  여섯 개가 있으며 오른쪽 팔에는
  금강저와 바퀴를 가지고 있고 왼

[향금강녀(向金剛女)]

쪽 팔에는 보배와 검을 각각 가지고 있으며 좌우의 가장 아래
손으로 소라 고둥으로 만들어진 향수기[113]를 받쳐들고 있다.[114]

---

113) 소라 고둥의 향수기

114)

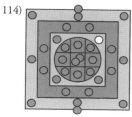

• 북동의 미금강녀(味金剛女, 라사 바즈라)를 명상한다.

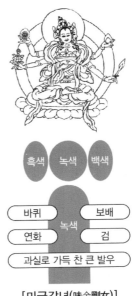

미금강녀는 해탈모와 거의 같은 모습을 하고 있다. 불공성취여래와 똑같은 보배관을 쓰고 있으며 그 몸 색깔도 불공성취여래와 똑같이 초록색이다. 불공성취여래처럼 세 개의 얼굴을 가지는데, 정면은 초록색이며 오른쪽은 까맣고 왼쪽은 하얗다.115) 팔은 여섯 개가 있으며 오른쪽 팔에는 바퀴·연꽃을 가지고 있고 왼쪽 팔에는 보배·검을 각각 가지고 있으며 좌우의 가장 아래 손으로 과일이 담긴 큰 발우를 받들고 있다.116)

[미금강녀(味金剛女)]

흑색　녹색　백색

바퀴　보배
녹색
연화　검
과실로 가득 찬 큰 발우

---

115)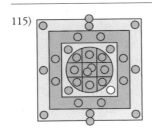

116) 과일이 가득 찬 큰 발우

• 중앙의 촉금강녀(觸金剛女, 스파르 샤바즈라)를 명상한다.

이 여신은 이미 본존의 아촉여래의 성적 파트너로서 등장하고 있다. 그 항에서 설명한 대로 촉금강려의 모습은 아촉여래의 여성판이라고 해도 좋다. 그 몸 색깔은 파랗고 세 개의 얼굴을 가지며 정면은 파랗고 오른쪽은 하얗고 왼쪽은 빨갛다.

팔은 여섯 개가 있으며 오른쪽 팔

[촉금강녀(觸金剛女)]

에는 바퀴·연꽃을 가지고 있고, 왼쪽 팔에는 보배·검을 각각 가지고 있으며 나머지 좌우 두 개의 팔에 천을 두르고 아촉여래의 목을 끌어안고 있다.117)

이상의 아홉 여신들은 모두가 지극히 매력적이다. 미소를 지으며 섹시하고 젊고 아름답다. 모든 욕망에 만족하여 환희를 향수하고 있다. 그렇게 명상한다.

---

117)

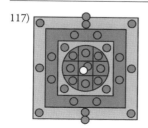

- 두 번째는 겹친 사방에 각각 두 개의 몸이 앉은 8대보살을 명상한다. 이들 8대 보살[118]의 모습은 가지고 있는 물건을 제외하면 모든 점에서 여래에 준한다.

- 동문 안쪽 좌우에 좌정한 미륵보살(彌勒菩薩)과 지장보살(地藏菩薩)을 명상한다.

미륵보살과 지장보살은 비로자나여래의 모습에 준한다.

따라서 비로자나여래와 똑같은 보배관을 쓰고 있으며 그 몸 색깔은 하얗다.

세 개의 얼굴을 가지며 정면은 하얗고 오른쪽은 까맣고 왼쪽은 빨갛다. 팔은 여섯 개가 있다. 다만 미륵보살은 오른쪽 세 팔 가운데에 가장 아래에 있는 손에 꽃이 달린 용나무(龍樹)의 가지를 가지고 있으며 이 점만이 비로자나여래와 다르다. 그 이외에는 비로자나여래와 똑같이 오른쪽 두 팔에 금강저·하얀 연꽃을 가지고 있으며 왼쪽 세 팔에는 요령·보배·검을 각각 가지고 있다.

지장보살은 모든 점에서 비로자나여래와 똑같다. 오른쪽 세 팔에는 바퀴·하얀 연꽃·금강저를 가지고 있으며 왼쪽의 세 팔에는 요령·보배·검을 각각 가지고 있다.[119]

---

118) 8대 보살은 8식(八識, 인간의 8가지 의식작용)을 상징한다. 8식이란 안(眼)·이(耳)·비(鼻)·설(舌)·신(身)으로 이루어진 오근(五根, 다섯 개의 인식기관)에 대응하는 오식(五識)과 심층 의식에 있으면서 아집의 원인이 되는 말라식(제7식)과 심층의 식의 가장 아래에 있으면서 종자(bīja=모든 존재를 생성시키는 잠재적 에너지)를 그 내부에 저장하고 있는 아뢰야식(제8식, 藏識)을 말한다.

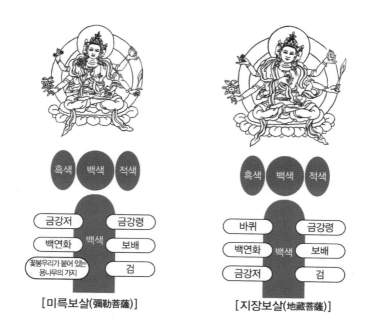

[미륵보살(彌勒菩薩)]

[지장보살(地藏菩薩)]

• 남문 안쪽의 좌우에 좌정한 금강수보살(金剛手菩薩)과 허공장보살
(虛空藏菩薩)을 명상한다.

금강수보살과 허공장보살은 보색여래의 모습에 준한다. 따라서
보색여래와 똑같은 보배관을 쓰고 있으며 그 몸 색깔은 노랗다.
세 개의 얼굴을 가지며 정면은 노랗고 오른쪽은 까맣고 왼쪽은
하얗다. 팔은 여섯 개가 있으며, 오른쪽의 세 팔에는 보배·금강

---

119)

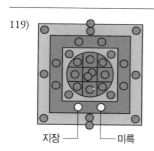

저·바퀴를 가지고 있고 왼쪽의 세 팔에는 요령·노란 연꽃·검을 각각 가지고 있다.[120]

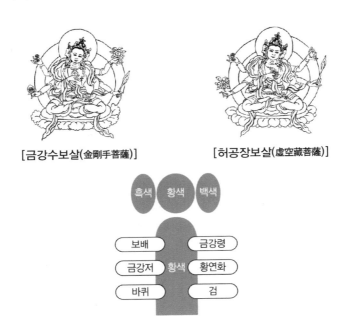

[금강수보살(金剛手菩薩)]　　　　　[허공장보살(虛空藏菩薩)]

	흑색	황색	백색	
보배		황색		금강령
금강저				황연화
바퀴				검

- 서문안쪽 좌우에 좌정한 세자재보살(世自在菩薩, 관자재보살)과 문수보살(文殊菩薩)을 명상한다.

세자재보살과 문수보살은 무량광여래의 모습에 준한다. 따라서 무량광여래의 보배관을 쓰고 있으며 그 몸 색깔은 빨갛다. 세

---

120)
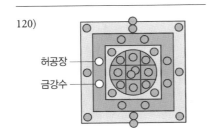

허공장

금강수

개의 얼굴을 가지며 정면은 빨갛고 오른쪽은 까맣고 왼쪽은 하얗다. 팔은 여섯 개가 있으며, 오른쪽의 세 팔 가운데에 가장 아랫팔은 가슴 앞으로 들어서 활짝 열린 연꽃을 가지고 있고 다른 두 개의 팔에는 금강저와 바퀴를 가지고 있다. 왼쪽의 세 팔 가운데에 가장 아래 팔은 허리에 대고 빨간 연꽃 뿌리를 가지고 있으며 다른 두 팔에는 보배와 검을 가지고 있다.[121)

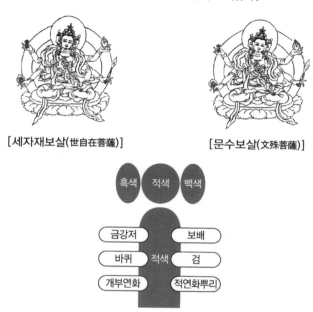

[세자재보살(世自在菩薩)]　　　　[문수보살(文殊菩薩)]

121) 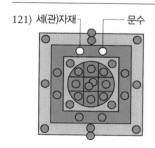　세(관)자재 ─　┌─ 문수

- 북문안쪽 좌우에 좌정한 제개장보살(除蓋障菩薩)과 보현보살(普賢菩薩)을 명상한다.

제개장보살과 보현보살은 불공성취여래의 모습에 준한다.

따라서 그 몸 색깔은 초록색이다. 세 개의 얼굴을 가지며 정면은 초록색이고 오른쪽은 까맣고 왼쪽은 하얗다. 팔은 여섯 개가 있으며, 오른쪽의 세 팔에는 검·비수금강·바퀴를 가지고 있고 왼쪽 세 팔에는 요령·초록 연꽃·보배를 각각 가지고 있다.[122)

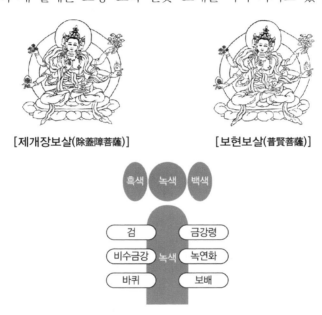

[제개장보살(除蓋障菩薩)]　　　　　[보현보살(普賢菩薩)]

---

122)

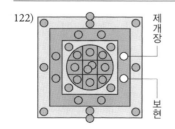

제개장

보현

이상의 8대 보살 등은 모두가 적정상(寂靜相)[123]이며 불타오르듯이 빛나는 만다라 가운데의 각각 정해진 위치에 금강부좌(金剛趺坐)[124]를 하고 있다고 사념한다.

• 다음으로 10분노존[125]을 만다라의 사방으로 명상한다.

  10분노존의 명상은 이미 경험하고 있으므로 자세한 것은 그것에 따른다.

  ❶ 동문의 야만타카를 명상한다.

  ❷ 남문의 프라즈난타카를 명상한다.

  ❸ 서문의 하야그리바를 명상한다.

  ❹ 북문의 비구난타카를 명상한다.

  ❺ 동남의 아차라를 명상한다.

  ❻ 남서의 탓키라쟈를 명상한다.

  ❼ 서북의 니라단다를 명상한다.

  ❽ 북동의 마하바라를 명상한다.

  ❾ 상방의 우슈니카를 명상한다.

  ❿ 하방의 숨바라쟈를 명상한다.[126]

---

123) 적정상(寂靜相)은 고요하고 부드러운 표정을 하고 있다.

124) 결가부좌를 말한다. 가장 완전한 좌법이기 때문에 이렇게 부른다.

125) 10분노존은 10지분을 상징한다. 10지분이란 인간의 신체를 구성하는 10개의 부위를 가리키며 오른손·왼손·입·금강(남근)·오른쪽 어깨·왼쪽 어깨·오른쪽 무릎·왼쪽 무릎·머리 꼭대기·발바닥으로 구성되어 있다.

126) 10분노존의 위치

  그림으로 그려진 만다라에서는 입체를 평면으로 이른바 투영하게 되기 때문에 상방의 우슈니카트라발틴과 하방의 숨바라쟈는 편의적으로 위치를 바꿀 수밖에 없다. 그 결과 상방의 우슈니카차크라는 동문에 나라단다와 나란히 하방의 숨바라쟈는 서문에 하야그리바와 나란히 각각 그려지고 있다.

이렇게 만다라를 구성하고 있는 모든 부처들을 명상해 마쳤다.

- 모든 부처들이 명상되었으면 이번에는 이렇게 명상한다.

  당신 자신의 가슴으로부터 광명이 내비친다.

  그 광명이 모든 방향으로 뻗어나간다.

  그 광명에 태워서 살아있는 모든 것을 불러들인다.

  그렇게 하면 평상시에는 절대적으로 들어올 수 없는 만다라의
  사방의 문이 열려서 바로 당신 자신이 금강살타의 작용에 의해서
  살아있는 모든 것이 아무런 장애도 받지 않고 불러들인다.

- 다음으로 당신은 야부(남존)로서 윰(여존)과 성적 요가를 실천한다.
  그리고 불러들인 살아있는 모든 것을 야부와 윰이 성교할 때에
  생기는 보리심(정액)127)이 발하는 광명을 가지고 관정한다. 그렇
  게 하면 살아있는 모든 것들은 부처들이 아니면 맛볼 수 없는
  신체와 정신의 환희로 채워지고 그들도 또한 금강살타 그 자체가
  되어서 각각이 안주하는 국토128)로 돌아간다.

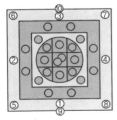

127) 보리심(菩提心, 정액)이란 후기 밀교에서는 보리심(깨달음을 구하는 마음)을 물상
   화하여 정액에 그 의미를 의탁했다. 상세한 것은 찬다리의 불을 참조하기 바란다.
128) 국토는 대승불교의 경우 부처들은 각각 불국토를 주재하고 있다고 간주한다.
   그 대표로는 아미타여래가 주재하는 국토는 서방극락정토이고 약사여래가 주재
   하는 국토는 동방유리광정토 등이 있다.

이상이 신앙의 본존륜을 생성시키는 과정이다.

9. 신앙의 만다라를 자신의 신체에 주입하는 과정

【목적】

본 과정에서는 앞에서 명상했던 만다라를 구성하는 부처들을 다시
초청하여 수행자 자신의 신체 각 부분에 배치하는 명상을 통해 최종
적으로는 신체가 부처들의 원자로부터 이루어져 있다는 것을 아는
것이다. 바꾸어 말해서 같은 본질로 이루어져 있다고 신앙하는 것이
목적이 된다. 그리고 본 과정은 죽음·중유·생의 과정 가운데에서
생(生)에 해당한다고 해석된다. 보다 정확하게 말하면, 생(生)의 정화
에 배당된다.

그 이유는 다음과 같다. 어떠한 더러움도 없는 겁초인이 나이가
들어감에 따라 차례차례 번뇌에 눈 뜨게 되고 그 번뇌에 집착하기
시작하기에 겁초인이 지닌 그 고유한 특질을 잃어버리고 보통의 인간
으로 퇴락하고 말았다. 그 후예가 바로 우리들이다. 따라서 우리들의
생은 이미 오염되어 있다. 그래서 우리로서는 먼저 축적된 더러움을
떼어내지 않으면 안 된다. 즉 생의 정화가 필요하다. 그 생의 정화에
얽힌 구체적 방법은 본 과정에서 전개된다.

【실천】

먼저 이렇게 명상한다.

• 당신 자신의 가슴에 훔 종자가 있다.
• 그 훔 종자로부터 광명이 내비친다.
  광명은 모든 방향으로 확장된다.

그 광명 가운데에 비로자나여래로부터 숨바라쟈에 이르기까지 만다라를 구성하고 있는 모든 부처들을 부르도록 한다.

- 다음으로 초청에 응해서 찾아온 부처들을 당신 자신의 신체 각 부분에 배치(布置)129)시킨다.
그 구체적인 위치는 다음과 같다.

비로자나여래는 머리 꼭대기로부터 이마까지
무량광여래는 이마로부터 목까지
아촉여래(아촉금강)는 목으로부터 심장까지
보생여래는 심장으로부터 배꼽까지
불공성취여래는 배꼽으로부터 다리까지
불안모는 배꼽
마마키는 심장
백의모는 목
해탈모는 머리 꼭대기

지장보살은 양 눈
금강수보살은 양 귀
허공장보살은 코
세자재보살은 혀
문수보살은 심장
제개장보살은 금강(남근)
보현보살은 온 몸의 관절

---

129) 배치(布置)한다는 것은 부처들이 그 어떤 특정한 장소에 존재한다는 것이다. 보다 적극적으로는 혹은 보다 실천적으로는 부처들이 수행자의 신체 각 부분에 다른 데에서 침투하여 녹아 융합한다고 해도 좋다.

미륵보살은 머리 꼭대기 및 혈관과 근육

색금강려는 지장보살과 양쪽 눈에서 성적 요가를 실천하고 있다.
성금강려는 금강수보살과 양쪽 귀에서 성적 요가를 실천하고 있다.
향금강려는 허공장보살과 코에서 성적 요가를 실천하고 있다.
미금강려는 세자재보살과 혀에서 성적 요가를 실천하고 있다.
촉금강려는 재계장보살과 금강(남근)에서 성적 요가를 실천하고 있다.

야만타카는 오른손
프라즈난타카는 왼손
하야그리바는 입
비구난타카는 금강
아차라는 오른쪽 어깨
탓키라쟈는 왼쪽 어깨
니라단다는 오른쪽 무릎
마하바라는 왼쪽 무릎
우슈니샤차크라발틴은 머리 꼭대기
숨바라쟈는 발바닥

• 이상과 같이 배치를 마치면 당신 자신의 신체를 구성하고 있는
  모든 요소가 실은 본질적으로 부처들과 똑같다고 명상한다.
  이렇게 하여 당신 자신의 신체가 모든 부처들의 원자로부터 생성
  된 것이라는 진리를 체득한다. 이것이야말로 만다라 명상의 궁극
  적인 경지이다.

머리꼭대기와 혈관과 근육

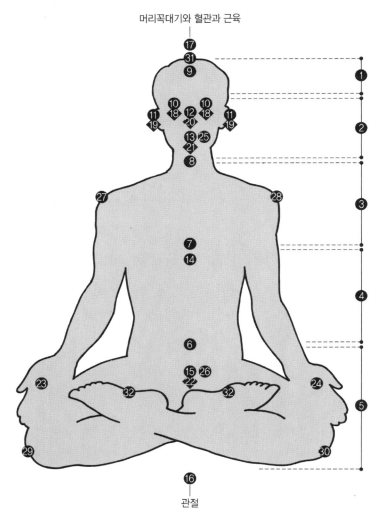

[32 부처를 배치한다]

관절

오불(오여래)
① 비로자나여래
② 무량광여래
③ 아촉여래
④ 보생여래
⑤ 불공성취여래

사불모
⑥ 불안모
⑦ 마마키
⑧ 백의모
⑨ 해탈모

팔대보살
⑩ 지장보살
⑪ 금강수보살
⑫ 허공장보살
⑬ 세자재보살
⑭ 문수보살
⑮ 제개장보살
⑯ 보현보살
⑰ 미륵보살

오금강녀
⑱ 색금강녀
⑲ 성금강녀
⑳ 향금강녀
㉑ 미금강녀
㉒ 촉금강녀

십분노존
㉓ 야만타카
㉔ 프라즈난타카
㉕ 하야그리바
㉖ 비구난타카
㉗ 아차라
㉘ 탓키라쟈
㉙ 니라단다
㉚ 마하바라
㉛ 우슈니샤차크라발틴
㉜ 숨바라쟈

◆ 성적 요가를 실천한다.

제3장

실천편 [2]

야만타카 성취법

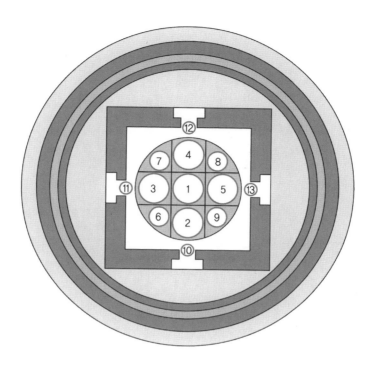

1. 야만타카
2. 모하 · 야마리
3. 맛사루야 · 야마리
4. 라가 · 야마리
5. 이루샤 · 야마리
6. 차르치카
7. 바라히

8. 사라스바티
9. 가우리
10. 무드가라 · 야마리
11. 단다 · 야마리
12. 파드마 · 야마리
13. 카도가 · 야마리

제3장

실천편 [2]
야만타카 성취법

성취법이란

사마야사트바와 즈냐나사트바

'공성의 지'를 체험한 수행자는 자기와 일체가 되고 싶다는 존재를 생각해 그린다. 그런 다음에 거기에 맞는 과정을 거치는 동안 어느 순간 갑자기 어디서부터인가 자기와 일체가 되고 싶다고 바라던 존재가 눈앞에 현현한다고 한다. 이 경우에 자기와 일체가 되고 싶다고 바라던 존재를 사마야사트바(사마야 살타=약속의 존재)라고 하며 어디선가 갑자기 나타나는 존재를 즈냐나사트바(지혜 살타=지적 존재)라고 부른다.

실제의 과정에서는 도상(그림과 형상) 등을 단서로 삼아 사마야사트바를 생각해내어 그린다. 호흡제어 등 여러 가지 기법을 구사하여 몸과 마음을 보통이 아닌 상태로 끌어들인다. 그 상태에서 즈냐나사트바가 갑자기 나타나고 사마야사트바와 겹쳐진 순간에 성취법이 글자 그대로 성취된다. 다만 미리 생각해서 그린 사마야사트바와 갑자가 나타난 즈냐냐사타바는 닮기는 하였지만 미묘하게 다르다. 그러나 이 부분의 정확한 사정은 아직 명백하지가 않다. 그리고 티베트 밀교의 도상에서는 사마야사트바와 즈냐나사트바의 관계를 존상(尊

像)의 심장 가운데에 작은 존상이 있으며 다시 그 작은 존상의 심장 안에도 미세한 존상을 그려 넣는다는 수법으로 표현한다.

세 단계의 명상법

성취법은 3단계의 삼매[1]를 실천한다.

❶ 초가행 삼매(최초의 요가라고 불리는 명상)
❷ 만다라 최승왕 삼매(최고의 만다라의 왕이라고 불리는 명상)
❸ 갈마 최승왕 삼매(최고의 행위의 왕이라고 불리는 명상)

초가행 삼매에서는 본존을 명상한다. 야만타카 성취법에서는 야만타카를 명상하고 최종적으로 수행자 자신이 바로 야만타카라는 것을 체득한다. 그때 진리의 인식이 환희의 모양으로 얻어지며 수행자 자신이 본존으로서 현현했다고 하는 것 모두가 공(空)이라고 이해한다. 이것이 '공성의 지'의 체험이다.

만다라 최승왕 삼매에서는 만다라 전체를 명상한다. 보다 구체적으로는 13존으로 구성된 야만타카의 만다라 전체를 수행자=야만타카의 심장 가운데에서 명상한다. 이 단계에서 만다라를 구성하는 모든 부처(諸尊) 외에 만다라의 세부까지 자세하게 명상하고 순식간에 완벽한 만다라를 생성할 수 있도록 한다.

갈마 최승왕 삼매에서는 만다라를 수행자의 심신 내부로 끌어들이는 것 및 만다라를 끌어들인 수행자가 타자구제를 위하여 작용하는 행위가 실천된다.

---

1)   명상을 말한다. 전통적으로는 의역하면 선정, 음역하면 삼매 혹은 삼마지가 된다.

야만타카란 무엇인가

불교의 사신(死神) = 야만타카

야만타카는 고대 인도의 공식 언어였던 범어(sanskrit)로, '야마를 죽이는 자'를 의미한다. 여기에서 야마란 한자로는 염마(閻魔)로, 힌두교에서는 죽음을 관장하는 신이며 명계(冥界)의 주인 야마신을 말한다. 말하자면 야만타카란 죽음의 세계를 지배하는 가장 강력한 힌두교의 신마저도 죽일 수 있을 만큼의 강력한 힘을 가진 결정적인 존재로서 인도 불교가 숭배하기 시작한 분노신이다. 그리고 야만타카는 불교에서 지배의 신인 문수보살의 화신(化身)이라고 간주된다. 그래서 보기에 따라서 야만타카란 영리한 지혜를 체현한 부처라고도 할 수 있다.

또 야만타카는 바즈라바이라바로 부른다. 바즈라는 다이아몬드(금강석)를 의미하며, 부처의 영원히 파괴되지 않는 예지(叡智)를 상징한다. 바이라바는 '두려워하게 하는 자'를 의미하며 비슈신[2]과 함께 힌두교의 주신인 쉬바신[3]의 흉폭한 면을 구체적으로 나타낸 존재이다. 밀교는 가장 두려워해야 할 최대의 적인 쉬바신도 자신의 한가운데로 끌고 와서 대항하려고 한 것은 아닐까.

야만타카와 바즈라바이라바는 본래 다른 존격이라고 하는 설도 있지만 적어도 티베트에서는 야만타카와 바즈라바이라바는 동일시된

---

2) 힌두교의 2대신 가운데 하나이며 세계의 유지와 자비를 관재한다. 현재에도 인도에서는 힌두교로 60%가 귀의하고 있다.
3) 비슈누신과 함께 힌두교의 주신이며 세계 창조를 위한 파괴를 관장한다. 후기 밀교에 가장 적대하면서 가장 영향을 끼쳤다. 현재의 힌두교도의 귀의율은 20% 정도이다.

다. 티베트말로 야만타카=바즈라바이라바를 가리키는 직째[4]라고 하는 말은 '공포에 떨게 한다'는 의미이며 실로 바이라바의 의역이다. 티베트에서는 한때 야만타카를 주존으로 하여 적대자에게 주문을 걸어 살해하고 문수보살의 정토에 재생시킨 밀교의 비밀스런 종교 의식으로 번뇌에서 해탈하는 것(度脫)이 맹위를 떨쳤다. 이 사실도 이상과 같은 야만타카의 출신을 안다면 이해하기 쉽다.

겔룩파와 야만타카

지금 야만타카 성취법이란 야만타카를 주존으로 하는 수행법이다. 달라이라마를 지도자로 숭앙하고 티베트 불교의 정통파를 자인하는 겔룩파에서는 종조 쫑카파 이래로 이 존격(尊格)을 특별하게 존숭해 왔다. 티베트 불교에서 출가할 때 스승으로부터 이담(수호존)을 결정하는 습관이 있다. 이담이란 그 사람에게 있어서의 수호 본존이며 영적인 수호자이다.

쫑카파는 8살 때에 카담파[5]의 처제 톤투프린체로부터 사미계(견습생으로서의 계율)를 받았을 때, 로산 타크파라고 하는 법명과 함께 이담으로서 야만타카를 지정받았다. 그 이후로 평생동안 쫑카파는 야만타카를 아주 깊이 숭배하였다. 그 배경에는 그가 부처의 절대적인 지혜를 구하여 지혜의 신이라고 하는 문수보살을 존숭했던 것과 크게 관련이 있을 것이다. 왜냐하면 앞에서 말했던 것처럼 야만타카

---

4) 티베트어로는 'dzigs can(직째)이다.
5) 카담파는 티베트불교 부흥의 대은인 아티샤를 개조로 하는 종파이다. 카담이란 가르침의 해설을 의미한다. 쫑카파가 겔룩파를 창시한 다음에 겔룩파에 흡수되었다.

는 문수보살의 화신이기 때문이다. 특히 50대 후반 쫑카파의 건강이 좋지 않을 때 여러 가지 불길한 징후가 나타났는데 제자들이 그에게 이담인 야만타카의 수행법을 행하도록 간청했던 사실도 있었다. 쫑카파는 제자들의 소원을 받아들여서 야만타카의 성스러운 수행장소에 30명 정도의 제자들을 이끌고 갔다. 함께 동행하지 못한 제자 케투프 등은 본거지인 간덴 사원6)에서 스승의 연명을 위한 수행법을 실천했다. 그 영험으로 쫑카파는 회복하여 수명을 수년간 연장하는 데에 성공했다고 전해진다. 이런 사실에서 볼 때 겔룩파에서는 야만타카를 자신의 학파의 수호존으로써 존숭하게 되었으며 그것은 오늘날까지 이르고 있다.

야만타카 성취법의 실천과정

전행(前行)과 관정(灌頂)

야만타카 성취법을 하기 위해서는 그 전제로서 전행과 관정이 반드시 필요하다. 전행(前行)의 핵심은 발보리심에 있다. 발보리심(發菩提心)이란 글자 그대로 보리심을 발하는 것이다. 그러면 보리심이란 무엇인가? 바로 깨달음을 구하는 마음이다. 따라서 발보리심이란 깨달음을 구하는 마음을 생기시키는 것을 의미한다. 또 관정할 때 반드시 본서(本誓)와 금계(禁戒)를 받는다. 본서(本誓, 사마야)란 어떤 종류

---

6) 티베트 3대 사원은 간덴 사원, 세라 사원, 드레핑 사원이다. 간덴 사원은 미륵보살이 수행하는 국토인 도솔천을 의미한다. 한역으로는 감단사(甘丹寺) 또는 영수사(永壽寺)라고 한다.

의 종교적인 맹세(약속, 서약)를 세우는 것이며, 금계(禁戒, 삼바라)란 어느 행위로부터 몸을 지키는 것을 의미한다. 이 두 가지를 지키지 않는 한 밀교의 길은 결코 이루어지지 않는다. 따라서 이 두 가지를 소홀하게 하는 자는 밀교로 들어갈 자격이 없다.

본서와 금계라는 개념은 설명하기 매우 어렵다. 다만 확실하게 말할 수 있는 것은 보리심을 가지고 어떠한 죄도 범하지 않고 한 마음으로 오직 깨달음의 길로 나아가는 것이야말로 이 두 가지가 구하고 있는 본질적인 내용이다. 예를 들면 금계가 지정하고 있는 '어떤 행위'란 몸을 더럽히는 행위로 살인이나 강도는 물론이고 섹스 등의 불교자로서 해서는 안 되는 행위를 가리킨다.

그리고 티베트 밀교의 관정(灌頂)에는 병관정(甁灌頂), 비밀관정(秘密灌頂), 반야지관정(般若智灌頂), 제사관정(第四灌頂)이라는 네 단계의 관정이 있다. 병관정으로부터 비밀관정을 거쳐서 반야지관정을 체험하는 과정에서 이것을 받는 자는 신·구·의의 삼업(三業)이 정화된다. 그것을 전제로 하여 마지막 제사관정에서는 최고의 단계로 상정되는 쌍입(双運=순즈쿠)의 경지를 실현할 가능성이 주어진다. 쌍입(双入)의 경지에서는 공(空)이 완전히 체득된 결과 자타의 구별이 완전히 사라지고 살아있는 모든 것을 자유자재로 한다. 이로써 더없는 환희의 심정으로 구제하는 단계에 도달한다. 구제의 결실을 맺고 해야 할 것을 전부 했을 때 불교 궁극의 목적, 즉 해탈이 성취된다. 페이지의 제약상 여기에서는 전행과 관정을 마쳤다고 하는 전제 아래 이야기를 진행하겠지만 지금 말한 것처럼 전행과 관정이 필수요건인 점을 깊이 이해해주기 바란다.

최초의 명상

【실천】

야만타카 성취법을 실천하고자 하는 사람은 다음과 같이 의식을 조작한다.

- 당신 신체의 모든 특징이 허공에 생긴 푸른빛 가운데에 녹아들고 이윽고 사라진다고 명상한다. 즉 자기라고 하는 존재가 사라져 없어졌다고 명상한다.

  그때 모든 존재에 고유한 성질은 없다고 하는 공성에 관한 바른 견해를 생각한다. 이 견해로 해탈을 이루어 부처가 되었을 때가 낙공무차별(樂空無差別)[7]의 지혜로서 파악되는 것이라고 이해한다.

- 그런 다음에 이렇게 명상한다.

  당신이 있었던 자리에 비수연화가 있다. 비수연화란 만개한 연꽃을 의

  [비수연화]

  미하며 구체적으로는 연꽃의 꽃잎이 이중으로 된 연꽃을 가리킨다.

- 그 비수연화 중심의 위쪽에 빨간 일륜(日輪)이 있다.

- 빨간 일륜 위에 당신 자신이 낙공무차별의 지혜 그 자체로서 현현한다.

- 그리고 모양이 없는 지혜 그 자체가 야만타카로 변해간다.

  야만타카의 모습은 아래와 같다.

  몸 색깔은 흑색 내지 청흑색이다.

  이 색깔은 불교의 색채학에서는 죽음이나 증오를 상징한다.

---

7) 대승불교에서 궁극의 진리인 공성을 지상최고의 쾌락으로서 체득하는 것으로 낙공무별(樂空無別)이라고도 한다.

[야만타카의 모습]

얼굴은 성내어 미쳐 날뛰는 물소, 입으로는 피가 흘러 넘치고
두 개의 예리한 뿔은 허공을 찌르는 것처럼 솟아있다. 뿔 끝은
불로 둘러싸여 있다. 눈은 벼락 천둥과 같이 반짝반짝 빛나며
머리털은 금색이고 하늘 전체를 덮은 것 같다. 입으로는 까만
숨을 희귀한 소리와 함께 내뱉으며 히말라야의 별과 같은 예리한
이빨과 네 개의 덧니를 가지고 꽉 깨물고 있다.

• 오른쪽 손에는 구부러진 카루토리 검8)을 가지고 왼손에는 피로

---

8) 카루토리 검은 예리하게 구부러진 칼날을 지닌 무기이다.

채워진 카파라(해골바가지 술잔)[9]를 가지고 있다.

[카루토리 검]

[해골바가지 술잔(카파라)]

- 오른쪽 다리를 구부려서 왼쪽 다리에 붙이고 그 무릎 위에 야만타카(야부=남존)보다 약간 작은 신체의 윰(여존)을 끌어안고 있다. 이 윰의 이름을 도르제·로·란·마라고 한다. 야부와 윰 다 함께 온 몸에서 업화와 같은 빨간 광명을 모든 방향으로 방사하며 그 중심에 위치하고 있다.

- 이런 야만타카야말로 바로 자기자신이라고 인지하고 야만타카와 자기를 완전히 일체화하여 분리하기 어렵다는 생각을 철저하게 확립한다.

이 과정을 아생기(닷케)라고 부른다. 성취법을 실천할 때의 가장 기본적이고 가장 중요한 행위이다.

---

9) 카파라는 인간의 두개골로 만들어진 술잔 모양의 그릇이다. 이 카파라가 의미하는 것은 가장 기피해야 할 것이야말로 가장 성스러운 본성을 지니고 있다는 후기 밀교의 특유한 사고방식을 구현하고 있다.

금강저(金剛杵)와 금강령(金剛鈴)[10]을 통한 기도(加持)[11]

밀교에서 금강저는 방편(실천)과 큰 쾌락을 상징하고 금강령은 반야(지혜)와 공성을 상징한다. 경우에 따라서 금강저가 남성적인 것을 금강령이 여성적인 것을 각각 상징할 때도 있다.

여기에서는 언제 어떤 때에도 큰 쾌락과 공성을 잊지 않도록 하기 위하여 성취법을 시작할 때 금강저와 금강령을 쥐고서 정해진 진언을 외워서 기도(加持)한다. 금강저를 손에 들 때마다 큰 쾌락을 생각하고 금강령을 소리 낼 때마다 공성을 생각하도록 한다.

또 큰 쾌락과 공성이라고 하는 절대의 지혜가 성취법의 처음부터 끝까지 끊임없이 유지되도록 가능한 한 계속 금강저[12]와 금강령[13]을 가지고 있는다.

내공양(內供養)의 기도

후기 밀교의 공양에는 내공양·외공양·비밀공양의 세 가지가 있다. 여기에서는 내공양을 실천한다. 내공양(內供養)이란 이 장에 초대

---

10) 금강령이란 세계로 울려 퍼지는 부처의 진리의 소리를 상징한다.
11) 가지(加持)는 부처의 대자대비한 힘의 가호를 받아서 부처와 중생이 하나가 되는 경지로 들어가는 일을 의미한다. 기도의 옛말이다.
12) 금강저

13) 금강령

한 라마들이나 여러 존격에 대하여 실물의 똘마(공양물)가 아니라 여러 가지 관념상의 공양물을 바치는 것을 말한다. 외공양(外供養)이란 만다라를 구성하는 여러 존격에 네 가지 감로수와 다섯 가지 공양물을 바치는 것을 말한다. 비밀공양(秘密供養)이란 수행자 스스로가 본존 야부 윰으로서 현현하고 명비(明妃, 성적 파트너)와 성적 요가를 실천해서 큰 쾌락을 체험하고 그 큰 쾌락을 바치는 것을 말한다.

【실천】

• 먼저 내공양의 공양물을 놓을 장소를 상정하고 거기에 허공으로부터 청백색의 얌 종자가 갑자기 생긴다고 명상한다.

[얌 종자]

• 그 얌 종자가 변하여 활 형태의 풍륜(風輪)이 된다.

• 풍륜 위에 빨간 람(RAM) 종자가 갑자기 생겨난다.

[람(RAM) 종자]

• 람 종자는 변하여 삼각형의 화륜(火輪)이 된다.

• 화륜 위에 빨간 아 종자가 갑자기 생긴다.

• 아 종자는 변하여 세 개의 잘린 모가지14)가 된다.

[아 종자]

• 그 세 개의 잘린 모가지가 부뚜막의 모양을 만든다. 잘린 모가지로 만들어진 부뚜막 위에 하얀 아 종자가 갑자기 생긴다.

• 아 종자는 부뚜막 위 공간에 광명이 되어 녹아들어간다.

---

14) 세 개의 잘린 모가지

그 광명으로부터 카파라(해골바가지 술잔)
가 생긴다. 카파라는 삼계[15]처럼 광대하며
바깥쪽은 하얗고 안쪽은 새빨갛다.

[카파라]

• 카파라 가운데에 다섯 여래를 나타내는 다섯
개의 종자가 생긴다.

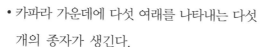

훔	밤	타라후	후리후	아후
아촉여래	비로자나여래	보생여래	무량광여래	불공성취여래

[다섯 여래를 나타내는 종자]

• 다섯 개의 종자가 각각 변하여 다섯 개의 고기, 즉 사람고기·코
끼리고기·말고기·소고기·개고기가 된다.

• 똑같이 카파라 가운데에 다섯 명비를 나타내는 다섯 개의 종자가
생긴다.

캄	람	맘	팜	탐
촉금강녀	불안모	마마키	백의모	해탈모

[다섯 명비를 나타내는 종자]

• 다섯 개의 종자가 각각 변하여 다섯 감로, 즉 대변·소변·정액

---

15) 삼계(三界)란 욕계, 색계, 무색계이다.

·경혈·체액이 된다.

- 오육(五肉)16)과 오감로(五甘露)17) 위
  쪽 공간의 가장 위에 하얀 옴 종자,
  다음으로 빨간 아 종자, 가장 아래
  의 파란 훔 종자의 순서대로 세 개
  의 종자가 생긴다.

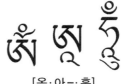

[옴·아-·훔]

훔 종자는 의금강(義金剛)18)의 자성(본질)을 관장하므로 오육(五
肉)과 섞으면 오육이 정화되고 수정과 같이 더러움이 없는 음식
물이 된다. 아 종자는 어금강(語金剛)19)의 자성을 관장하므로 오
감로(五甘露)와 섞으면 오감로가 정화되어 받쳐진 여러 존격에 최
고의 즐거움을 주는 문자 그대로 감로 그 자체가 된다. 옴 종자는
신금강(身金剛)20)의 자성을 관장하므로 오육과 오감로의 양을 무

---

16) 오육(五肉). 241쪽 참조

17) 오감로(五甘露). 241쪽 참조

18) 부처의 정신영역의 활동을 말한다.
19) 부처의 언어영역의 활동을 말한다.
20) 부처의 신체영역의 활동을 말한다.

한으로 증대시킬 수 있다.

- 이상과 같이 기도(加持)하고 "옴 아 훔"이라고 하는 진언을 세 번 외운다.

- 그때 당신의 심장 안에 하얗고 청정하기 그지없는 월륜(月輪)을 명상하고 그 중심에 당신이 있으며 앞에 아버지와 어머니, 오른쪽에 형제자매 왼쪽에 친구 뒤에 친족 다시 그들의 주위를 모든 사람들이 둘러싸고 있다고 사념한다.

- 첫 번째로 "옴 아 훔"이라는 진언을 외워서 기도했을 때 당신과 모든 사람들의 신체 영역의 활동이 쌓은 모든 죄악과 사견(邪見, 잘못된 인식)이 탁한 물로 온 몸에 있는 털구멍으로부터 넘쳐 흘러 감로에 녹아든다.

- 두 번째로 "옴 아 훔"이라는 진언을 외워서 기도했을 때 당신과 모든 사람의 언어 영역의 활동이 쌓은 모든 죄악과 사견이 탁한 물로 온 몸에 있는 털구멍으로부터 넘쳐 흘러 감로에 녹아든다.

- 세 번째로 "옴 아 훔"이라는 진언을 외우면서 기도했을 때 당신과 모든 사람의 정신 영역의 활동이 쌓은 모든 죄악과 사견이 탁한 물로서 온 몸에 있는 털구멍으로부터 넘쳐 흘러 감로에 녹아든다.

[공물(供物)]

이상이 내공양(內供養)이다.

• 그것이 끝나면 전행의 공양물[21]을 내공양 할 때와 똑같이 "옴 아
  훔"이라는 진언을 외워서 기도한다. 내공양 및 기도한 공양물은
  야마(閻魔)에게 바친다. 이렇게 허공이 야마에 의해서 승인되었다
  고 깊이 염한다.

초가행 삼매

1. 죽음을 법신(法身)으로 체험하는 요가

현세에 살고 있던 인간이 죽으면 신체 등을 구성하고 있었던 오온
(색온·수온·상온·행온·식온), 범부의 오지(대원경지·평등성지·묘
관찰지·성소작지·법계체성지), 사대(지·수·화·풍), 육근(안·이·
비·설·신·의), 오경(색·성·향·미·촉)은 순서대로 녹아내리고 마
지막에는 '죽음의 광명(시우셀)'을 체험한다.

이때 사자(死者)는 처음에 '깨끗한 가을 하늘에 달빛이 충만한 것과
같은 하얀 현명(顯明)'[22]의 비전을 체험한다. 이어서 깨끗한 가을 하
늘에 태양이 솟은 것과 같은 빨간 증휘(增輝)[23]의 비전을 체험한다.
마지막으로 깨끗한 가을 하늘이 날이 저문 것과 같은 새까만 근득(近
得)[24]의 비전을 체험한다.

이 과정을 수행자는 명상으로 생생하게 다가선다. 그리고 죽음의

---

21) 공물(똘마)이란 버터 내지 버터와 짬바(볶은 보리가루)를 섞어서 만든 장식물이다.
22) 티베트어는 낭와이며 공(空)이라고도 부른다.
23) 티베트어는 추파로 지극한 공이라고도 부른다.
24) 티베트어는 넬토프로 일체공이라고도 부른다.

광명의 체험을 통해서 공성(空性)을 이해하고 자기가 법신(法身)25)이 되었다고 하는 신념을 굳힌다. 죽음의 광명은 공성을 완전히 이해했을 때 주관과 객관의 분열을 초월한 상태로 체험한다고 하는 비전과 매우 닮았다. 이를테면 그 비전은 말로서는 설명할 수 없는 청정함으로 채워져 있다고 한다.

법신이 법신인 까닭은 공성의 완전한 이해에 있으므로 죽음의 광명의 체험을 통해서 공성을 이해한다면 법신의 조건에 적합하다. 이것이 자기가 법신으로 되었다고 굳게 믿는 근거이다. 더군다나 죽음의 광명 체험은 공성을 완전히 이해했을 때의 체험과 매우 닮았다고 하더라도 어디까지나 유사한 체험에 그친다. 말하자면 닮았지만 닮은 것이 아니다. 만약 만인에게 찾아오는 죽음의 광명 체험으로 공성을 완전히 이해할 수 있다면 사람은 죽어서 누구나가 모두 부처가 되고 윤회의 업고26)로부터 간단히 해탈할 수 있을 것이다. 하지만 그렇게는 되지 않는다.

수행자는 이 단계에서 먼저 자신이 법신이라고 하는 확신을 얻을 수 있다면 그것으로 좋다. 이 인식을 끌어안고 새로운 단계로 나아간다.

2. 중유를 수용신으로 체험하는 요가

죽음의 다음 단계는 중유(中有, 바르도)이다. 이 단계는 죽음과 태어남의 이른바 중간에 위치하며 생전에 어떻게 공덕을 쌓았는가에

---

25) 법신(法身)은 모든 한정을 여읜 진리 그 자체로서의 신체를 갖는 부처를 말한다.
26) 업고(業苦)란 인도계의 종교사상에서는 모든 동물은 영원히 태어나고 죽기를 반복하면서 절대로 쉴 수가 없으며, 그 생도 사도 괴로움으로 채워져 있다고 생각하는 것을 말한다.

따라서 중유의 길이에 장단의 차이가 있다. 중유가 거치는 과정은 죽은 이가 거치는 과정의 역방향이며 근덕의 비전, 증휘의 비전, 현명의 비전 순이다.

중유는 일종의 영적 신체를 가지며 그것은 괴로움으로 채워진 것도 아니고 해탈도 아닌 단지 죽음만으로는 윤회의 원인이 되는 업(까르마) 등이 정화되지 않은 상태이다. 이 중유의 신체는 죽음의 광명 체험에서 눈 뜬 극히 미세한 의식 그리고 똑같이 미세한 룽(생명 에너지)으로 이루어져 있다.

중유의 신체가 완전히 깨끗하게 되었을 때 전혀 다른 종류의 신체로 바뀌고 그것은 환신(幻身, 마야카야)으로 불린다. 환신은 환신끼리 보이지만 살아있는 보통 사람의 눈에는 보이지 않는다. 다만 특별하고 고도의 밀교 수행을 쌓은 승려는 볼 수가 있다.

이 환신의 성취는 '중유를 수용신27)으로 체험하는 요가'가 그 목적이다. 보다 구체적으로 말하면 중유를 체험하는 수용신으로서 문수보살을 현현시키고 스스로를 일체화 시키는 과정이다.

【실천】
• 먼저 수행신이 머무는 궁전을 명상의 힘으로 발생시킨다.
  궁전은 '낙공무차별(낙공무별)'의 지혜가 임시 모습으로 나타난 것이다.

---

27) 수용신(受用身)은 청정한 의식만으로 구성된 신체를 갖는 부처로 보신(報身)이라고도 한다.

[야만타카 입체 만다라]

• 그 궁전의 중심에 마련된 옥좌 위에 수행자의 매우
미세한 숨과 마음이 '아'라고 하는 종자가 되어서 나
타난다.28)

[아 종자]

---

28)

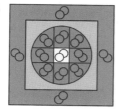

- 아 종자는 월륜으로 변한다. 그 월륜이야말로 낙공무차별의 지혜의 본질이 현현한 것이다.
- 월륜 위에 낙공무차별의 지혜 그 자체가 디히라고 하는 종자로서 나타난다.

  그 디히 종자는 문수보살을 가장 잘 상징하는 문수의 예리한 검으로 변한다. 문수의 예리한 검은 무지 무명의 암흑을 단칼에 자르는 힘을 가지고 있는 것으로 알려져 있다.

[디히 종자]   **[문수의 예리한 검]**

- 이 문수의 예리한 검 위에 다시 디히 종자가 나타난다.
- 그 디히 종자는 모든 방향으로 광명을 널리 비춘다.

  그 광명이 다시 한 점으로 모이는 순간 모든 부처의 예지를 한 몸에 체현하는 문수보살이 현현한다.

- 그 문수보살이야말로 당신 자신이라는 생각을 확고히 한다.

[문수보살(文殊菩薩)]

3. 생(生)을 변화신(變化身)[29]으로 체험하는 요가

인간은 죽어서 중유(中有)의 기간을 거쳐 다시 생(生)을 얻는다. 깨달음을 얻어서 해탈을 이루지 못하는 이상, 인간이나 동물은 이 숙명적인 과정, 즉 윤회를 영원히 거듭한다. 중유는 공중을 비상하면서 인간의 남자와 여자가 혹은 동종의 수컷과 암컷이 성관계에 몰두하고

---

29) 변화신(變化身)이란 중생구제를 하기 위하여 인간의 모습으로 나타나는 신체를 가진 부처로 응신(應身)이라고도 한다.

있는 곳에 만나면, 이성(異性)은 애착의 생각을 동성(同性)은 혐오의 생각을 각각 마음속에 품는다. 그리고 남성 내지 수컷이 절정의 정점에서 정액을 내뿜고 동시에 여성 내지 암컷이 절정의 정점에서 애액을 흘릴 때, 그 양쪽 액 가운데에 녹아들어서 자궁 안에 들어가 수태를 이룬다고 한다.

이때 처음 현명의 비전을 이어서 증휘의 비전을 마지막으로 근덕의 비전을 체험한다. 당연히 죽음의 광명(시우셀)을 체험하게 되지만 죽음을 맞이했을 때와 비교하면 훨씬 짧은 시간의 체험에 그친다.

그때 체험하는 근덕에는 두 가지 단계가 있다. 첫 번째 순간이 종료한 시점에서 이른바 역류가 개시되고 증휘를 거쳐서 현명의 단계가 반복된다. 그리고 나서 바람이 생기고 바람에서 불이 생기고 불에서 물이 생기고 물에서 땅이 생기고 바뀌는 과정이 일어난다. 말하자면 4대 모두가 생기고 다시 오경·오온·오지·육근 등으로 바뀌어서 새로운 생명의 심신이 구축된다.

생을 변화신으로서 체험하는 요가에서는 명상에 의해서 이상의 과정을 체험하는 것으로 수행자 자신이 중생구제를 위한 구체적인 신체를 가지는 존재로서 다시 태어나는 것이 목적이다.

【실천】

• 먼저 당신의 매우 미세한 숨과 마음을 허공 중에 아 종자로 현현 시킨다.

[아 종자]

• 아 종자는 청정한 월륜(月輪)으로 변한다. 청정한 월륜은 대원경지(大圓鏡智)[30]의 현현이다.

• 이어서 월륜 위에 디히 종자가 나타난다.

- 디히 종자는 빛나는 일륜이 되어 모든 방향에 광명을 방사한다. 광명을 방사하는 일륜(日輪)은 평등성지(平等性智)[31]의 현현이다.

[디히 종자]

- 다시 일륜 위에 훔 종자가 나타난다.
- 이 훔 종자는 분노금강(忿怒金剛)[32]으로 변한다. 분노금강은 묘관찰지(妙觀察智)[33]의 현현이다.

[훔 종자]

- 이상의 월륜·일륜·분노금강 종자가 모두 한곳으로 모여서 융합한다.

그런 다음에 야만타카가 얼굴이나 팔이나 다리 등 구체적인 신체적 특징을 가지고 나타난다. 이 아홉 개의 얼굴, 34개의 팔뚝, 34개의 다리의 완벽한 모습의 야만타카는 법계체성지(法界體性智)[34]의 현현이다.

여기까지 도달하면 이 야만타카야말로 당신 자신이라고 하는 생각을 굳히도록 한다.

---

30) 대원경지(大圓鏡智)란 절대지를 거울로 하여 삼라만상을 비추어내는 기능을 담당하는 지혜이다.
31) 평등성지(平等性智)란 모든 차이 가운데에 숨겨진 동질성을 아는 지혜이다.
32) 분노금강(忿怒金剛)이란 분노하는 모습의 부처(=분노존)이다.
33) 묘관찰지(妙觀察智)란 전체를 구성하는 부분을 정묘하게 관찰하는 지혜이다.
34) 법계체성지(法界體性智)란 종합적이고 통일적인 지혜, 절대지이며 경험만으로는 얻을 수 없는 지혜이다.

[야만타카의 탕카]

4. 명비의 포용

법신·수용신·변화신의 3身의 지위를 탐염(貪染)의 법(法)35)으로 획득하기 위해서 명비(明妃, 여성 파트너)와 성적 요가를 실천한다고 명상한다.

【실천】
• 먼저 당신 자신이 야부융본존이라고 명상한다. 이것이 몸의 명상이다.
  다음으로 야부(야만타카)와 융(명비=도르제·로·랑·마)의 성기가 존재하지 않는다(空)고 명상한다.
• 파란 훔 종자가 야부의 남성기로 변한다.
• 그 야부의 남성기가 오고저(五鈷杵)로 변한다.

[훔 종자]

[오고저]

• 그 오고저의 중앙 금강저 끝에 있는 구멍을 팟트 종자로 틀어막는다.
• 똑같이 빨간 아 종자가 융이라고 하는 여성기로 변한다.

[팟트 종자]

[아- 종자]

---

35) 탐염(貪染)이란 애욕에 물든 것이다.

- 그 욤이라고 하는 여성기가 빨간 연꽃으로 변한다.
- 그 빨간 연꽃 중심을 팟트 종자로 틀어막는다.

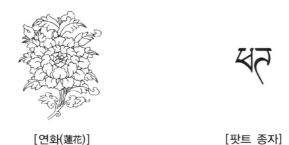

[연화(蓮花)]   [팟트 종자]

[야만타카 삼매야 모양의 만다라]

[야만타카 만다라]

　이상과 같은 과정에 따라 야부와 윰이 한없는 성의 환희, 즉 큰 즐거움을 향수한다고 명상한다. 이때 야부는 윰과 성교하더라도 보리심으로 상징되는 정액을 절대로 방출해서는 안 된다. 오히려 방출하지 않고 절대적인 쾌락을 얻도록 노력한다. 이렇게 진리의 인식이 환희라고 하는 모양으로 얻어지고 당신 자신이 본존 야만타카로서 현현했다고 하는 모든 것이 무자성(無自性)인 까닭이었다고 이해한다.

　이것이야말로 낙공무차별(樂空無差別)의 지혜이다. 이 지혜를 배우기 위하여 여러 가지 명상을 실천해 왔다.

만다라 최승왕 삼매

【실천】

이어서 야만타카의 만다라를 이렇게 명상한다.

• 본존(=당신 자신)인 야부와 윰이 성교하면 온몸에 광명이 생긴
 다. 그 광명 가운데에 사방의 부처들과 보살들이 초대되어 야부
 의 입 가운데로 넘겨진다. 야부의 입 가운데에 들어간 부처들과
 보살들은 보리심 그 자체인 하나의 물방울이 되어서 목에 미끄러
 떨어져서 심장 가운데로 들어간다. 심장 가운데에 들어간 물방울
 은 욕망의 불길에 의해서 타오른다.
 그 물방울은 야부의 아바두티(중앙 맥관)로 내려와 남성기에 도
 달한다.[36]
• 남성기(=오고저)의 끝에 있는 구멍으로부터 물방울이 방출되어
 윰의 여성기(=연꽃)가 그 물방울을 받아들인다. 물방울이 윰의
 아바두티를 끌어올려서 심장에 도달했을 때 이제까지 하나였던
 물방울이 두 개로 된다. 한쪽 물방울은 궁전의 부처들 자리로
 변한다.

---

36)

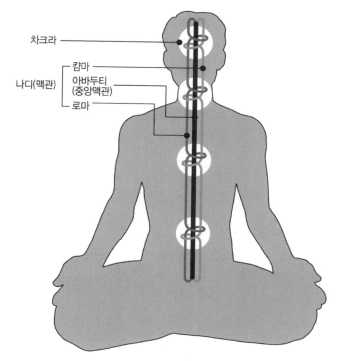

차크라 ──────────

캄마 ──────
아바두티 ──────
(중앙맥관)
나디(맥관)
로마 ──────

[차크라와 나디(맥관)]

- 또 한쪽 물방울은 13부처들을 상징하는 것(삼매야의 모양)으로 변한다.

  이어서 그 각각의 상징이 부처들로 변한다.

- 다음은 13명의 부처들이다.

  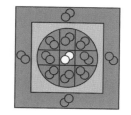

[야만타카]

[모하·야마리]

[맛사루야·야마리]

[라가·야마리]

[이루샤·야마리]

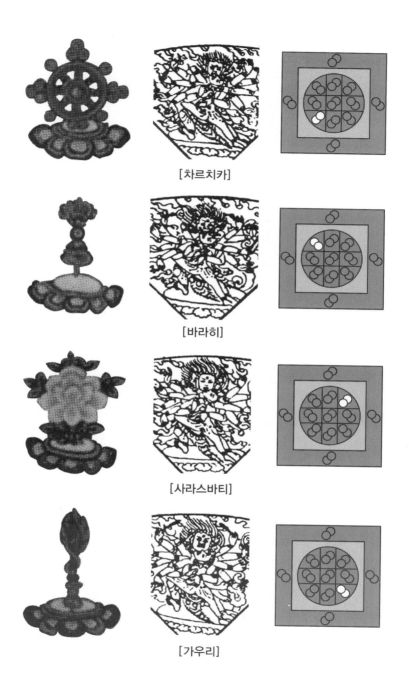

[차르치카]

[바라히]

[사라스바티]

[가우리]

[무드가라·야마리]

[단다·야마리]

[파드마·야마리]

[카도가·야마리]

- 이상의 부처들은 모두 야부와 윰이다. 그들은 각각 지정된 자리에 있다.

이것으로 야만타카의 미세한 만다라가 생성되었다. 따라서 이것을 생성의 문이라고 한다.

- 이렇게 하여 윰의 심장에 현현한 미세한 만다라는 윰의 아바두티에 내려와 여성기에 도달한다.
- 여성기에 도달한 만다라를 야부는 남성기의 끝에 있는 구멍으로 빨아 들여서 아바두티를 통해서 심장으로까지 끌어올린다. 만다라가 심장까지 끌어올리면 이번에는 이들 만다라를 신체 밖을 향하여 방출한다. 이것을 방출의 문이라고 한다.
- 방출된 만다라는 허공 가득히 넓혀지고 그 가운데 부처들이 중생에게 진리의 법을 설한다. 이 설법으로 인하여 중생의 습관적인 행위(업)를 깨끗이 하고 그들의 분노를 진정시킨다. 이것을 행위의 문이라고 한다.
- 허공 가득히 펼쳐진 만다라가 한순간에 수축하여 극미가 된다. 이것을 집약의 문이라고 한다.
- 다시 만다라가 되살아나 확대하여 만다라가 있어야 할 위치에 있어야 할 부처들이 머문다. 이것을 안주의 문이라고 한다.

이들 다섯 개의 문을 정해진 대로 성취하는 것이 만다라 최승왕 삼매이다.

갈마 최승왕 삼매

1. 공양과 찬탄

여기에서는 외공양·내공양·비밀공양의 세 가지 공양을 말한다. 이 내공양(內供養)에 대해서는 앞에서 이미 상세하게 말했다. 외공양(外供養)이란 만다라를 구성하는 모든 존자에게 네 가지 감로수와 다섯가지 공양물을 실제로 바치는 것을 말한다. 네 가지 감로수와 다섯 가지 공양물에 관해서는 내공양 부분을 참조하면 좋을 것이다. 다만 내공양에서 이들 공양물은 관념의 산물이었지만 이 외공양에서는 현실의 공양물37)을 사용한다. 비밀공양(秘密供養)이란 수행자 스스로가 본존 야부, 윰으로 현현하여 명비와 성적 요가를 실천하여 큰 즐거움을 체험하고 그 큰 즐거움을 바치는 것을 말한다. 물론 단순하게 성의 쾌락에 탐미하는 것이 아니라 그 성의 환희에 의해서 낙공무차별이라고 하는 절대의 진리를 자기가 획득했다고 깊이 믿는 것이 중요하다.

세 가지 공양이 종료되면 이번에는 찬탄으로 옮긴다.

찬탄이란 만다라를 구성하는 모든 존자의 신·구·의 삼업(三業)이 매우 위대하다고 찬탄하는 것을 말한다. 물론 찬탄하더라도 실제로 입으로 그렇게 표현하는 것이 아니라 어디까지나 마음으로 사념한다.

---

37) 감로수(甘露水)는 물들인 요구르트이고, 공양물(供養物)은 꽃·향·향수·등명 등이다. 쌀이나 보리들의 곡식이나 똘마도 바친다.

2. 미세한 생성의 과정에서 배우는 방법

여기에서는 모든 존재 그리고 모든 현상이 본질적으로 청정하다고 명상한다. 이 명상은 이른바 생기차제[38](생성의 과정)를 습득하기 위하여 실천된다.

【실천】

- 먼저 당신 자신이 청정하다고 명상한다.

  당신 자신의 마음이 낙공무차별의 지혜 그 자체라고 간주하고 자기는 만다라 중앙에 자리를 정하는 청정한 본존이라고 명상한다.
- 이어서 거친 생기차제의 방법을 습득한다. 구체적으로 말하자면 커다란 만다라를 명상하는 행위가 완벽한 만다라 전체를 한꺼번에 명상하는 것이 어렵다면 처음에는 본존의 신체나 얼굴만을 명상한다.
- 익숙해지면 본존의 손이나 다리를 명상하고 나아가 본존이 갖추고 있는 모든 신체적 특징과 능력을 명상한다. 그리고 마지막 단계에서는 만다라를 구성하고 있는 소의(所依, 구조물)와 능의(能依, 부처)를 모두 명상한다.[39]
- 거친 생기차제에 익숙해지면 이번에는 미세한 생기차제에 익숙해지도록 한다.

---

38) 10쪽 참조.
39)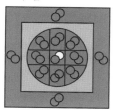

이것은 극미의 만다라를 명상하는 행위이다. 구체적으로 말하면 하나의 물방울 안에 들어가 버릴 만큼 작은 만다라를 명상하는 것을 의미한다. 순서는 거친 생기차제를 명상할 때와 같다. 그 비결은 자기 항문에 만다라를 내장하는 물방울이 있다고 명상하는 것이다.

3. 생성을 사념하는 방법

만다라를 구성하는 소의(구조물)와 능의(부처)가 각각 무엇을 나타내고 있는지를 명상한다. 예를 들면, 본존 야만타카의 아홉 개의 얼굴은 『구부경(九部經)』40)을, 두 개의 뿔41)은 이제(二諦)를 나타내고 있다. 또 발 아래에 쉬바신을 비롯하여 힌두교의 신들을 밟고 있다고 하는 식이다(상세하게 말하는 것은 너무 번쇄하기에 생략한다.).

4. 염송의 방법

【실천】

[훔 종자]

• 당신의 염주42) 하나하나의 구슬에 야만타카가 있다고 명상한다. 그 방법은 먼저 구슬 가운데에 훔 종자가 있다고 사념한다.
• 다음으로 그 훔 종자가 야만타카로 변한다고 사념한다.

---

40) 『구부경』은 아함 경전 가운데에서 가장 오래된 경전이다.
41) 이제(二諦)는 승의제(절대적 진리)와 세속제(상대적 진리)를 말한다.
42) 염주

염주 가운데에 야만타카가 있다고 사념할 수 있으면 야만타카의 다라니43)(진언44))를 외우도록 한다.

그때 자기의 엄지로 고리를 만들고 구슬을 하나씩 넘길 때마다 염주 가운데에 있는 야만타카가 자기의 엄지로부터 신체 안으로 녹아들어온다고 사념한다. 다라니를 외우는 소리는 다른 사람에게는 들리지 않으며 자기만 들을 수 있는 만큼의 낮은 소리가 좋다. 또 다라니를 외울 때 근본다라니45)를 외우면 그것이 마음 진언46)에 녹아들어와서 마음 진언을 외우면 그것이 친근심진언(親近心眞言)47)으로 녹아들어온다고 명상한다.

- 근본 다라니는

  옴 야마라자 사도메야

  야메돌 나요다야

  야다요니 라야크샤야

  야크세 야차 미라마야 훔

  훔 팟토 스바하

  라고 외운다.

- 마음 진언은

  옴 후리 수토리 비크리타나나 훔 팟토

---

43) 다라니(陀羅尼)는 기억, 보지를 의미하는 다라니의 음역으로 성스러운 비밀의 말을 의미한다.

44) 진언(眞言)이란 진실어를 의미하는 만트라의 음역이다. 다라니와 똑같이 성스러운 비밀의 말이며 보통은 긴 것을 다라니, 짧은 것을 진언이라고 하지만 예외도 있다.

45) 근본다라니(根本陀羅尼)는 가장 중요하고 가장 긴 진언이다. 근본 진언 혹은 대주(大呪)라고도 한다.

46) 심진언(心眞言)이란 중간 길이의 진언으로 중주(中呪)라고도 한다.

47) 친근심진언(親近心眞言)이란 가장 짧은 진언으로 소주(小呪)라고도 한다.

라고 외운다.

• 친근 마음 진언은

옴 야만타카 훔 팟토

라고 외운다.

외우는 횟수는 본존 야만타카에 대해서는 근본다라니 내지 마음 진언을 십만 번 외우고, 신하들에 대해서는 각각에 대응하는 다라니를 만 번씩 외운다.

• 다시 지혜관정진언(智慧灌頂眞言)[48]을 일만 번 외운다.

지혜관정진언은

옴 후리 슈토리 비크리타나나 훔 훔 팟토 팟토 아비샤야 스토밤 바야

라 라 라 라 차라야 차라야 훔 하 아 자이예 훔 팟토

라고 외운다.

횟수를 헤아릴 때는 수행 중에 정신집중하고 있을 때 외운 횟수만을 계산한다. 정신집중하고 있지 않을 때나 수행 중이 아닐 때는 외워도 횟수에는 들어가지 않는다. 만약에 횟수가 부족하거나 너무 많을 경우는 식재호마(息災護摩)[49]를 불태워서 수정한다.

이상의 염송이 끝나면 이렇게 명상한다.

• 만다라 가운데의 본존 야만타카와 신하들의 족주(族主)의 심장 위에 월륜이 있다. 이 월륜 위에 훔 종자가 있다. 그 훔 종자를 금강

---

48) 지혜관정진언(智慧灌頂眞言)이란 지혜를 몸과 마음에 침투시키는 진언이다.
49) 식재호마(息災護摩)는 재앙을 방어하기 위한 호마(성스러운 불을 사용한 의례)이다.

살타의 백자진언(百字眞言)[50)]이 동그랗게 둘러싸고 있다. 금강살타의 백자진언은 대단히 유명하므로 모두 알고 있다고 생각되지만 다짐을 해두기 위하여 아래에 표시한다.

옴 바즈라사트바
사마야 마누파라야
바즈라사트바 테노파티슈타
두리도 메 바바
스토슈요 메 바바
스포슈요 메 바바
아누라크토 메 바바
살바쉬뎃쯔임 메브라야짜
살바카르마스 차 메 칫탐 슈리얌 쿠루
훔 하하하하호
바가밤 살바타타가타
바즈라 마메 문차
바즈리바바
마하사마야사트바
아 훔 팟토

• 이 백자진언이 하얀 감로의 흐름이 된다.

---

50) 금강살타의 백자진언

• 그 감로가 당신의 두 머리 꼭대기의 범공(梵孔, 브라흐마 孔)으로 부터 아바두티(중앙맥관) 가운데로 흘러 들어가 다라니에 대한 암송 횟수의 잘못 등으로 인해서 생긴 과실을 모두 씻어내고 여러 가지 더러움으로 흐려진 물의 형태로 몸 밖으로 배출된다. 이렇게 모든 더러움이 없어지고 당신 자신이 지극히 청정하게 되었다고 명상한다.

이 명상이 끝나면 약간의 공양과 찬탄을 하도록 한다.

5. 행(行)을 마치는 방법

문수보살의 명령을 충실하게 실행하게 된 야마에게 공양물을 바치고 소원을 말한다.

회향과 기도를 빠뜨리지 않도록 여기에서도 금강살타의 백자진언을 외워서 자기의 과오를 정화한다.

6. 만다라를 수렴하는 방법

만다라를 수렴하기 위해서는 이렇게 명상한다.

• 먼저 만다라의 외주부에 있는 무덤과 호륜(순콜)[51]이 궁전에 녹아들어온다. 궁전은 본존 야부윰에 녹아들어온다.

윰은 야부에 녹아들어온다.

사마야사트바(삼매야 살타)인 야부는 즈냐나사트바(지혜 살타)에 녹아들어온다.

• 즈냐나사트바는 사마야사트바인 훔 종자에 녹아들어온다.

• 훔 종자의 샤프큐가 아줌(짧은 아)에 녹아들어온다.

- 아줌이 하에 녹아들어온다.
- 하가 월아에 녹아들어온다.
- 월아가 공점에 녹아들어온다.
- 공점이 나다에 녹아들어온다.
- 나다는 광명에 녹아들어와서 공이 된다.

이렇게 하여 만다라는 수렴된다.

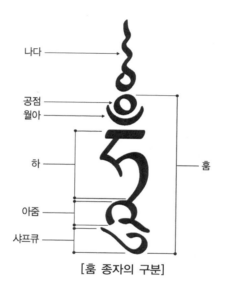

나다

공점
월아

하   훔

아줌

샤프큐

[훔 종자의 구분]

---

51) 무덤과 호륜(순콜)

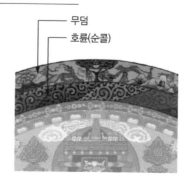

무덤
호륜(순콜)

일상 명상

1. 행위의 요가

* 언제 어디서든 일상속에서 당신 자신이 야만타카라고 계속 명상한다.

  모든 소리는 다라니라고 사념한다.

  모든 동작은 야만타카의 인(무드라)이라고 사념한다.

  입을 움직일 때에는 그것이 다라니를 외우는 행위라고 인식한다.

2. 식사의 요가

* 식사할 때는 이렇게 명상한다.

  당신의 심장 가운데에 훔 종자[52]의 물방울이 있으며 그 물방울 중심에 존경하는 라마가 자리를 점하고 그 아래로 네 개의 위대한 탄트라를 구성하는 모든 존자가 자리를 점하고 있다. 식사할 때는 먼저 라마와 모든 존자에게 식사를 드리고 그들이 만족했다고 명상한다.

  음식물은 내공양 할 때와 똑같이 기도(加持)하여 음식물을 취한다고 하는 것은 신체 가운데에서 호마를 태우는 것이라고 명상하고 나서 먹도록 한다.

---

52) 훔 종자

3. 수면의 요가

• 잠잘 때는 자기와 본존이라고 명상하면서 자도록 한다.
  다시 이렇게 명상한다.

• 당신 자신의 심장 가운데에 훔 종자가 있다.
  이 훔 종자가 광명을 사방에 내놓는다.
  그 광명을 받아서 이 세상의 삼라만상이 궁전이 되고 살아있는
  모든 것이 부처가 된다.
  그들이 모두 광명이 되어 당신 가운데에 녹아들어온다.
  당신 자신도 광명이 되고 공이 되고 자성이 없는 것으로 되어
  낙공무차별을 체현한다.
  이렇게 명상하면서 자도록 한다.

4. 각성의 요가

• 밤의 삼분의 일이 넘었을 때 많은 천녀들이 "일어나세요"라고 노
  래하는 것처럼 자기를 깨운다고 명상하면서 일어난다.

• 얼굴을 씻을 때는 천녀들이 관정할 때처럼 물을 준비해 준다고
  명상한다.

이상이 야만타카 성취법이다.

제4장

실천편 [3]
나로 육법

제4장

실천편 [3]
나로 육법

나로 육법이란 무엇인가

나로파

나로 육법은 11세기에 활동한 인도의 대밀교행자 나로파(1016-1100)가 개발했다고 전해지는 수행법이다. 나로파는 그 당시 인도 최고의 불교사원인 비크라마시타 대승원에 재적했던 학문승 출신이다. 그는 육현성(六賢聖)[1]의 한 사람이라고 찬탄되어질 만큼 뛰어난 능력을 가졌다. 그러나 그는 학문 불교에서 과연 참 깨달음을 얻을 수 있을까라는 의문을 가지고 그 명예스러운 지위를 버리고 비크라마시타 대승원과도 결별했다. 그리고 재야의 밀교행자였던 티로파[2] 아래에서 공부했다. 티로파는 살생을 특히 혐오하는 불교에서는 생각지도 못한 어업을 생업으로 하는 인물이었다. 하지만 그는 이미 깨달음의 경지에 이르렀다고 전해진다. 나로파는 티로파 가르침의 혹독한 시련을 견

---

1) 육현성(六賢聖)이란 여섯 사람의 탁월한 학승(學僧)이다.
2) 티로파(988~1609)는 속세의 밀교행자로 어부였다고 한다. 후기 밀교의 수행에 힘써 마침내 이 세상에서 산 채로 해탈에 도달했다. 이른바 성취자로서 유명하다.

디어 마침내 깨달음을 얻었다. 그러나 그는 다시 비크라마시타 대승원에 돌아가지 않고 민간에 숨어서 여러 지방을 유행했다.

나로파가 비크라마시타 대승원을 떠나 굳이 초라한 초야의 행자인 티로파에게로 간 이유는 이 즈음의 밀교는 깨달음을 얻기 위해서는 여성과의 성적 관계를 필수로 하는 수행법, 즉 성적 요가를 행할 필요가 있다고 인식한 데에 있었다. 실제로 나로파는 티로파의 인도하에 여성 행자와의 성적 요가에 의해서 해탈했다고 한다. 나로파가 깨달음을 얻고 난 다음 마침 티베트에서 마르파라고 하는 밀교 행자가 새로운 수행법을 찾아서 인도 각 지역을 방랑하고 있었다. 마르파는 나로파와 만나 일찍이 티로파와 나로파가 그렇게 한 것처럼 사제의 관계를 맺었다.

나로 육법이 탄생한 배경

나로파는 티로파의 법을 바탕으로 독자적으로 일군 밀교 수행법을 마르파에게 전수했다. 이렇게 나로파가 개발한 수행법은 나로 육법으로 마르파에 의해서 티베트에 전해졌다. 연구에 의하면 나로파는 나로 육법을 완성한 것이 아니고 그 원형으로 된 단계의 수행법을 정리했으며 참 의미에서 이 법을 완성에 이끈 것은 마르파 이후의 티베트 사람들이었다고 한다. 나로파의 저작 가운데에 나로 육법이 현존하고 있지 않다는 사실로부터도 그런 가능성을 배제할 수는 없다. 이 부분에 대한 진위는 잠시 접어두고 마르파[3]는 이 법을 밀라레파[4]를 비롯한 세 사람의 제자에게 전했다. 또 밀라레파는 간포파[5]

---

[3]   마르파는 15쪽 참조

등의 두 사람의 제자에게 각각 전했다. 현재까지 전승된 나로 육법은 나로파-마르파-밀라레파-간포파로 계승되고 후세에 밀라레파-간포파의 법계가 티베트 불교에서도 매우 유력한 파인 까규파[6]를 형성했기 때문에 나로의 육법은 까규파에 전해져 왔다.

나로 육법은 단 한 가지 경전을 근거로 삼는 수행법은 아니다. 8세기 이후의 인도 밀교가 계속 연이어 탄생시킨 여러 가지 밀교 경전, 그리고 그들 경전에 따르는 특정한 수행법을 정리 통합하여 새로이 만든 수행법이라고 생각해야 한다. 이 당시 여러 가지 경전이나 수행법은 너무나도 광범위하게 그리고 다양하게 만들어지고 매우 복잡하게 뒤얽힌 상황에 놓여 있었다. 그 결과 실제로 어떤 수행법을 행하면 좋을지 판단할 수 없게 되었다. 그런 까닭에 또 다시 정리하고 통합하여 실천하기 쉬운 수행법의 실천이 요청되었고 그런 사태에서 등장한 것이 바로 이 나로 육법이다.

나로 육법의 구성

나로 육법은 그 말 그대로 여섯 가지 수행법으로 구성되어 있다. 다만 그 여섯 가지 법 가운데에 무엇을 넣을 것인가에 대해서는 유파

---

4) 밀라레파(1040~1124)는 마르파의 혹독한 시련을 견디고 마침내 그 법을 계승한 청빈한 사람이다. 평생 동굴에서 옷 한 벌로 청빈하게 지낸 수행자로 유명하다. 티베트 역사상 최고의 시인이라고 전해진다. 대표적인 작품에 신만가(쿰붐)가 있다.

5) 간포파(1079~1153)는 타크포·라제(타쿠포 출신의 의사)라고도 한다. 밀라레파로부터 계승한 법에 카담파로부터 배운 정통 불교적인 요소를 더하여 카큐파의 근간을 구축했다.

6) 15쪽 참조.

에 따라 차이가 있다. 일본의 밀교에서 여러 가지 유파가 탄생하고 서로 유효성을 견주는 것과 같이 티베트의 밀교에서도 마르파 이래로 여러 가지 법이 전수되었다. 때문에 나로 육법에도 다양한 견해가 함께 존재한다. 따라서 나로 육법은 찬다리의 불·사환희·환신·광명·쌍입·포와(천이)/톤쥬쿠(입해)의 이 여섯 개로 구성되었다는 설이 있다. 반면 마찬가지로 찬다리의 불·환심·광명·중유(바르도)·포와·톤쥬쿠라고 하는 설도 있다.

텍스트에 대하여

여기에 소개하는 것은 티베트 불교의 최대 종파인 겔룩파의 개조 쫑카파[7])가 나로 육법을 주석한 『깊은 도인-나로 육법의 문이 이끄는 차제, 심신구족』에 쓰여 있는 내용이다. 소개하는 데 있어서 다양한 견해에 대한 해설을 더한 부분도 있지만 기본적으로는 쫑카파가 쓴 문장을 그대로 번역했다고 생각하면 좋다.

부가하면 쫑카파의 집필 동기는 다음과 같다. 그가 활약했던 14세기 후반으로부터 15세기 초두에 걸친 시기에는 이미 나로 육법이 그다지 행해지지 않았고 본래는 나로 육법을 전승해 왔던 카큐파의 고승으로부터 부탁받아서 이 책을 썼다고 한다. 쫑카파가 이 책에서 말하고 있는 나로 육법의 내용은 찬다리의 불·환신·광명·꿈(미람)·포와·톤쥬쿠로 구성되어 있다.

---

7)   4쪽 제1장 각주 4) 참조.

금강살타의 명상과 염송

티베트 밀교의 길에 들어서기 위해서는 엄격한 전제가 필요하다. 특히 나로 육법과 같은 특별한 수행을 행하고자 한다면 제시한 요건을 반드시 지켜야 한다. 그것은 다음과 같다.

1. 현교(바라밀승)와 밀교(진언승)에 공통하는 길을 수습해야 한다.
2. 올바른 관정을 받아야 한다.
3. 여러 가지 삼매야(三昧耶)[8]를 올바로 준수해야 한다.
4. 구루·요가[9]를 완벽하게 익혀야 한다.
5. 금강살타의 명상과 염송을 완벽하게 익혀야 한다.

그러나 이러한 요건을 모두 만족시키는 것은 쉽지 않다. 더군다나 현 시대에서는 불가능에 가깝다. 그래서 나로 육법을 배우기 위한 최소한의 요건으로서 금강살타의 명상과 염송만은 꼭 실천해야 한다. 금강살타의 명상과 염송을 실천하여 당신의 업장을 정화하고 대승불교에서 설하는 이타행(利他行)[10]의 근본을 그 몸과 마음에 깊이 새겨 두어야 한다.

---

8) 삼매야(三昧耶, 밀교의 계율)는 종교적인 맹세를 세우는 것으로 본서라고도 한다.
9) 구루·요가는 스승을 부처 그 자체로서 명상하는 것이다.
10) 이타행(利他行)이란 자기 자신을 버리고 다른 사람을 구제하는 것이다. 대승불교는 다른 사람을 구제함으로써만 자기의 구제가 가능하다고 하는 심리를 기본 이념으로 삼는다.

보리심을 굳건히 하다

이제부터 시작되는 수행이 당신 혼자만을 위한 것만이 아니라 당신과 똑같이 윤회의 바다[11]에 떨어진 모든 중생을 당신 자신과 동일시하여 그 결과 그들 때문이기도 한 것을 마음 속으로 인식하기 바란다. 또 그들이 당신의 어머니이며 당신의 은인이라고 간주하여 그 은혜에 보답하기 위하여 지금 괴로워하고 있는 그들을 구제하고 싶다는 바람을 굳건히 해야 한다. 무슨 일이 있어도 수행이 당신 자신만의 구제와 관련된다는 생각은 버려야 된다. 완전한 구제를 실현할 수 있는 것은 부처뿐이라는 신념을 굳건히 가진다. 그렇기 때문에 당신 자신이 부처가 되어 모든 중생을 구제하는 것이라고 하는 마음을 가져야 한다. 이상의 일은 한 번뿐이 아니라 수행을 계속하고 있는 동안 계속, 아니 수행을 떠났을 때도 계속 몇 번이라도 반복하고 마음에 깊이 새겨야 한다. 그러면 겨우 보리심이 굳건해진다.

그러면 금강살타의 명상과 염송을 살펴보자.

금강살타의 명상

앉는 방법

• 먼저 앉는 것은 한쪽 발을 반대쪽 발 위에 올려 다른 한쪽 발은 밑에 두는 반가부좌[12]이든 양다리를 반대쪽 다리의 무릎 위에

---

11) 대승불교에서는 광대함을 바다에 비유한다. 여기에서 바다는 윤회한 전생이 결코 끝이 아니라는 것을 나타낸다.

12) 반가부좌

올리는 결가부좌13)이든 어느 쪽이라도 좋다.

- 눈은 강하게 뜨거나 감지 않고 코끝을 향한다. 신체는 등 뒤로 펴지도 않고 가슴 앞으로 숙이지도 않으며 곧바로 유지하여 척추의 존재를 알아채도록 한다. 어깨는 어느 쪽으로도 기울지 않도록 평행을 유지한다. 머리는 높이 들지도 않고 내리지도 않고 어느 한쪽으로 기울지 않도록 유지한다. 그리고 코로부터 배꼽까지 일직선이 되도록 유지한다.

- 이빨과 입술은 자연스러운 상태를 유지하고 혀는 위 이빨 뒤에 가볍게 붙인다. 호흡은 들숨 날숨을 하며 소리를 내거나 격하거나 어지러워지지 않도록 주의한다. 그리고 숨이 들고 나는 것을 느낄 수 없을 만큼 천천히 매우 자연스럽게 한다.

- 중요한 점은 몸 어디에도 긴장이 생기지 않도록 하여 매우 편하고 부드러운 상태가 되도록 하는 것이다.

- 무리하게 호흡의 횟수를 줄이거나 늘이는 것은 안 된다. 물론 높은 차원에 도달한 사람의 호흡수는 차츰 적어져 2분에 1번 호흡한다. 그것은 오랜 시간에 걸쳐서 견딜 수 있는 자세와 호흡을 익힌 것이다. 어디까지나 수행의 결과이다. 처음부터 그렇게 되지는 않는다.

---

13) 결가부좌

원인(因)의 명상[14]

다음과 같이 명상한다.

- 당신의 머리 꼭대기에 팜 종자가 있다.

- 그 팜 종자가 하얀 8장의 꽃잎을 가진 연꽃(팔엽연화)으로 변한다.

- 하얀 연꽃 중앙에 아 종자가 생긴다.

[팜 종자]

[8장의 꽃잎을 가진 연꽃]

[아 종자가 생긴다]

- 아 종자가 새하얀 월륜으로 변한다.

- 월륜 위에 하얀 훔 종자가 생긴다.

[월륜으로 변한다]

[훔 종자가 생긴다]

- 하얀 훔 종자가 하얀 오고금강저(바즈라 돌제)로 변한다.

- 그 오고금강저의 손잡이 가운데 배꼽 부분을 하얀 훔 종자로 장식한다.

---

14) 원인(因)의 명상에서 원인(因)이란 원인 혹은 최초의 상태를 의미한다. 여기에서 는 초발 상태의 명상이다.

[오고금강저로 변한다]   [손잡이 가운데를 훔 종자로 장식한다]

- 그렇게 하면 오고금강저에서 나오는 광명이 사방을 향해 내뿜어 그 사방에 계시는 모든 여래들을 공양하고 모든 중생의 업장을 정화하고 그들의 몸과 마음을 안락하게 한다.

  그것이 끝나면 광명은 오고금강저에 다시 흡수된다.

  그리고 그 오고금강저는 당신 자신의 신체 안으로 녹아든다.

  이상이 금강인(金剛因)의 명상이다.

결과(果)의 명상15)

금강인의 명상이 끝나면 당신의 머리 꼭대기의 연꽃과 월륜 위에 금강살타가 명비(여존=융)의 금강낸마에 안기어 결가부좌하고 있다.

그 모습은 다음과 같다.

- 금강살타의 몸 색깔은 하얗다. 보통 사람의 몸처럼 하나의 얼굴과 두 개의 팔을 지니고 있다. 오른손에는 금강저16)를 왼손에는 금강령17)을 가지고 있으며 여러 가지 장식으로 몸을 꾸미고 있

---

15) 결과(果)의 명상에서 결과(果)란 결과 혹은 완성의 상태를 의미한다. 여기에서는 완성 상태의 명상이라는 의미이다.

다. 물론 32상 80종호를 모두 갖추고 있으며 형상도 색깔도 비교
할 수 없을 만큼 아름답다.

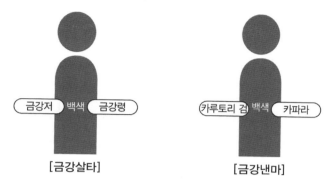

[금강살타]　　　　　　　[금강낸마]

• 금강낸마의 몸 색깔은 하얗다. 보통 사람의 몸처럼 하나의 얼굴
  과 두 개의 팔을 지니고 있다. 카루토리 검[18])과 카파라(해골바가
  지 술잔)[19])를 가지고 있으며 여러 가지 장식으로 몸을 꾸미고
  있다. 그녀의 얼굴과 형상은 비교할 수 없을 만큼 아름답다.

---

16) 금강저

17) 금강령

18) 카루토리 검

[금강살타와 금강낸마]

여기까지 명상할 수 있으면 다음은 이렇게 명상한다.

- 금강살타의 심장에 월륜이 있다.
- 그 월륜 위에 하얀 훔 종자가 있다.
- 하얀 훔 종자로부터 광명이 반사된다.

[훔 종자]

---

19) 카파라(해골바가지 술잔)

- 그 광명에 이끌려 즈냐나사트바(지혜 살타=지적 존재)가 나타난다.
- 그 즈냐나사트바에게 색과 성과 향과 미와 촉의 다섯 공양(五供養)[20]을 공양한다.

  또 "자하훔팜호"라는 진언을 즐기도록 한다.
- 똑같이 하얀 훔 종자로부터 반사된 광명에 이끌리어 관정에 관계된 모든 여래들이 나타나신다.

  그 여래들을 똑같이 공양한다.

  그리고 관정을 해 달라고 부탁한다.

  그러면 여래들은 당신의 부탁을 들어주시며 당신에게 관정을 주기 위하여 여러 윰들이 현병(보배병)을 지혜의 감로[21]로 채워서 그것을 가지고 당신에게 관정을 해 주신다.
- 그때 윰들은 "칠타, 탄파"라는 진언과 "옴사르바타타카타 아비시카타 사마야 슈리예 훔"이라는 진언을 외우면서 관정을 해 주신다.
- 그 결과 당신의 신체는 감로로 채워지고 당신의 머리 꼭대기에는 아촉여래가 앉아 계신다.

---

20) 다섯 공양(五供養)은 다섯 개의 감각을 기쁘게 하는 물건을 가지고 행하는 공양이다. 구체적으로는 거울·악기·향수·먹을 것·옷감을 바쳐서 공양한다.

21) 지혜의 감로라는 용어는 지혜를 지극히 감미한 것으로 표현하기 위하여 사용한다.

[아촉여래(阿閦如來)]

- 이어서 금강살타의 신체(身)와 말씀(語)과 의식(意)에 대하여 최고
경배를 드리면서 이렇게 부탁한다.

세존 금강살타여!
나와 나 이외 사람들의 모든 업장과 삼매야의 타락과 파괴를 정화시켜
주세요

- 그렇게 하면 금강살타의 심장의 훔 종자로부터 광명
이 반사되어 살아있는 모든 것을 비추고 그들의 업
장과 타락과 파괴를 모두 정화시켜 주신다.

[훔 종자]

- 다시 그 광명은 사방의 보살들을 인솔하는 여래들
모두를 공양하고 그분들의 신체와 말씀과 의식, 공

덕, 행위를 모두 광명의 양상으로 흡수하여 금강살타의 심장에 있는 훔 종자에 녹아든다.

이렇게 하여 금강살타의 위대함과 힘이 완벽한 상태에 도달한다.

염송(念誦)

염송은 다음과 같이 실천한다.

위대함과 힘이 완벽한 상태에 도달한 금강살타의 심장의 훔 종자 주변에 마치 화환과 같은 모양으로 둥그렇게 다음의 진언을 외우면서 돌린다.

옴 바즈라 헤르카	옴 금강헤루카[22]여
사마야 마누 파라야	마야를 지키도록 해 주세요.
헤르카 투베노파티슈타	헤르카여 가까이 와 주세요.
두리도메 바바	나를 위하여 견고성이어라.
스포슈요 메 바바	나를 위하여 이익성이어라
아누라쿠토 메 바바	나를 위하여 집착성이어라
살바 싯딤 메 프라야차	모든 최고 경지를 주시도록
살바 카르마스 짜 메	모든 행위에 있어서
칫탐 슈리얌 쿠 루	내 마음에 길상을 주시도록
훔 하 하 하 하 홋	훔 하 하 하 하 홋

---

22) 금강헤루카에서 헤루카는 아촉여래의 진에족(瞋恚族, 분노의 부족)에 속하는 부처이다. 누구를 성적인 파트너로 삼느냐에 따라 헤바즈라(희금강), 삼바라(최승락왕불), 마하마야(대환화) 등으로 호칭이 바뀐다. 쉬바신의 종자로부터 발전하여 쉬바신을 능가하는 존재로 불교에 수용되었다. 분노하는 쉬바신과 닮은 끔찍한 모습을 하고 있다. 금강(金剛)이란 불교 용어이다.

바가반 바즈라 헤르카 마메 문차 세존 금강 헤르카여 나를 저버리지 마세요.
헤르카 바바   헤르카로 있어 주세요.
마하사마야 사트바   위대한 사마야 사트바여
아 훔 팟토   아 훔 팟토

그렇게 하면 이들 화환처럼 된 진언 문자로부터 광명이 방사되어 살아있는 모든 것을 비추어내고 그들이 가진 업장과 타락과 파괴를 모두 정화시켜 주신다.

다시 그 광명은 사방의 보살들을 인솔하고 여래들 모두에게 불가사의한 공양을 바치고 그분들의 신체와 말씀과 의식, 공덕, 행위를 모두 광명의 양상으로 흡수하여 진언의 문자에 녹아든다.

감로강정법(甘露降淨法)

당신이 과거에 지었던 모든 업장이나 과실을 정화하기 위하여 감로강정법을 실천한다. 여기에서는 초심자도 실천 가능한 방법으로 하강법(야태)을 소개한다. 그것은 다음과 같이 명상한다.

• 당신 머리 위에 앉아 계시는 금강살타의 심장 주변에 화환처럼 된 진언의 문자로부터 하얀 감로가 흐르기 시작한다.
  그 하얀 감로는 금강살타의 몸속을 지나 융과 성적 요가를 실천하고 있는 성기로부터 아래로 흘러내린다.
  금강살타로부터 흘러내린 하얀 감로는 당신의 머리 꼭대기를 통해서 몸 안으로 들어온다.
• 하얀 감로가 몸 안으로 들어오면 당신의 신체와 언어와 의식에 의해서 과거에 저질렀던 과실이 모두 성기가 있는 곳과 털구멍으

로부터 새까만 액체가 되어 흘러내린다.

이때 육체적인 영역의 과실이나 병은 니글니글하게 썩은 피와 농으로 흘러내리고 영적인 영역의 과실은 거미나 전갈이나 물고기나 거북 등의 모양을 취해 나간다고 명상한다.

• 이렇게 해서 당신의 신체와 언어와 의식이 행한 과거의 과실이 모두 정화된다.

그리고 당신의 온몸은 지혜의 감로에 하얗게 채워진다.

다시 깨달음과 공덕이 당신 한 사람에 그치지 않고 당신과 똑같이 윤회의 바다에 떨어진 모든 중생에게도 생긴다.

끝내는 방법

'네 개의 힘'을 참회한다.

네 개의 힘이란 회가력·대치력·제지력·의지력을 말한다. 구체적으로는 다음과 같이 참회하도록 한다.

• 과실을 범했을 때는 참회하여 그 하나하나에 대하여 고치도록 한다.
• 과실을 범했을 때는 참회하여 이전보다도 더욱 더 선행에 힘쓸 것을 다짐한다.
• 과실을 범했을 때는 참회하여 계율을 굳게 지키고 결코 위반하지 않겠다고 다짐한다.
• 과실을 범했을 때는 참회하여 불법승에 대하여 한층 더 귀의하고 보리심을 언제나 유지할 것을 다짐한다.

그런 다음에 금강살타에게 다음과 같이 부탁한다.

나는 무지몽매하기 때문에 삼마야를 위배하고 타락했습니다.

라마인 구세자여!, 나를 구해주세요.

수령인 지금강이라고 하는

커다란 자비의 본성을 갖춘

중생의 주여!

나를 구해주세요.

그렇게 하면 금강살타는 이렇게 말씀하신다고 명상한다.

선남자여! 너의 죄업장과 삼마야로부터의 타락과 위배는 모두 정화되었다.

그리고 금강살타가 당신 자신 안에 녹아들어가서 당신의 신체와 언어와 의식이 금강살타의 신체와 언어와 의식과 일체화되어 아무런 차별도 없게 된다.

이제 당신 자신이 중생구제를 위해 필요한 모든 능력의 소유자가 되었다고 명상한다.

앞으로 더욱더 선행에 힘쓸 것을 다짐하고 이 금강살타의 명상을 마친다.

수행에 따르는 몸과 마음의 위험

톤라와 톤콜

구경차제[23] (완성의 과정)의 수행은 매우 어렵다. 불법을 올바로 이해하고 있어야 하는 것은 말할 것도 없다. 그것만으로는 되지 않고

---

23) 10쪽 참조

몸과 마음이 모두 일상을 넘어선 어떤 강인함이 요구된다. 그 이유는 구경차제의 수행을 하면 흔히 몸과 마음에 생리적인 이상이 생긴다. 그것을 견딜 수 있는 강인함이 없으면 어림도 없는 결과가 나오기 때문이다. 다소 몸상태가 나빠지는 것으로 끝나지 않고 심하면 죽을 수도 있다. 좀 더 구체적으로 말하면 이 수행을 하면 그 과정에서 원인을 알 수 없는 증상이 생긴다. 예컨대 혈액이 탁해지고 혈액농도가 진해지는 경우가 생긴다. 그 결과 내혈전 등을 일으키기 쉽다. 이에 따라 혈압이 비정상적으로 상승하여 내출혈로 사망하는 일도 생긴다. 물론 심부전과 같은 병도 걸리기 쉽다.

또한 상식을 넘어선 정신집중을 계속 하다보면 뇌생리에도 악영향을 일으키기 쉽다. 하물며 정신착란을 일으켜 광기가 나타나기도 한다. 나 자신 일찍이 티베트에서 광기에 휘둘려 양쪽 눈이 마치 수은처럼 빙글빙글 빛나는 수행승을 만난 적이 있다. 물론 티베트 밀교의 전통은 이런 사태에 어떻게 대처할 것인가를 오랫동안 검토해왔다. 그 결론은 그런 상태가 되기 전에 예방하는 방법밖에 없다.

첫 번째 구경차제의 수행은 그것을 견딜 수 있을 만한 심신의 소유자에게만 허락된다. 일반적으로 말하면 출가한 승려 열 명 중에서 한 명 정도에게만 허락된다. 아무리 열심히 수행을 하더라도 심신의 자질이 충분하지 않는 자에게는 결코 허락되지 않는다. 이 선택은 스승인 라마가 한다. 티베트 밀교에서 라마의 권위가 절대적인 이유도 여기에 있다. 두 번째 구경차제의 수행을 처음으로 허가받은 자에 대하여 이른바 준비적인 수행이 필요하다. 몸과 마음을 태어난 상태보다 더욱더 수준을 높인 다음에 본격적인 수행에 들어가도록 해야 한다. 그 수단이 바로 이제부터 해설하고자 하는 톤라와 톤콜이다.

톤라와 톤콜 수습의 의의

톤라란 자기의 신체는 실체 없이 공허한 것이라고 명상하는 수행이다. 대승불교에서 근간되는 진리인 '공성의 지'[24]에 대한 체험을, 특히 수행의 장이 될 신체에서 철저히 해야 할 명상이다. 경험적으로 자기의 신체를 실체로 파악한 채로 수행에 들어가면 여러 가지 장애가 생기기 쉽다. 수행이 잘 되지 않는 원인 중 하나가 바로 신체가 실체한다는 것을 알아차리는 것이다.

이것은 이른바 영력의 발휘에서도 지적될 수 있다. 가령 타자구제를 위한 영력 발휘라고 하더라도 그 영력이 자기라고 하는 실체적인 존재로부터 발휘된다고 알아차리게 되면 충분한 힘이 발휘될 수 없을 뿐 아니라 몸과 마음이 쉽게 소모된다. 또 구제대상이 가지고 있는 마이너스 인자를 흡수하여 몸과 마음이 병들게 된다. 이런 사태를 막기 위하여 삼라만상 모두 실체가 없으며 자기 신체도 실체가 없다고 하는 대승불교의 진리를 충분히 수용하여 평소 반복하여 체득할 필요가 있다. 그렇게 하기에는 톤라가 대단히 효과적이다.

톤콜의 목적은 이담(수호존)[25]이나 라마를 명상하여 가호를 구하고 그 위에 신체를 유연하게 만드는 여섯 종류의 요가적인 준비운동을 하여 수행하기에 알맞은 상태로 만드는 것이다. 이것은 결과적으로 수행의 효과를 끌어올리게 된다. 또 이렇게 하면 몸과 마음의 균형을 항상 건강하게 유지하고 마이너스적인 영향을 최소한으로 줄일 수가 있다.

여섯 종류의 요가적인 준비운동은 다음과 같다.

---

24) 5쪽 참조
25) 14쪽 제1장 각주 14) 참조

1. 병처럼 채운다.
2. 수레바퀴처럼 선회시킨다.
3. 갈고리처럼 구부린다.
4. 금강박인을 공중으로 들어올리고 밑으로 내리친다.
5. 수캐가 구토하는 방법으로 화살처럼 곧바로 뻗는다.
6. 머리와 몸을 흔들어 관절을 편다.

톤콜을 실천하는 시간은 식사 전 혹은 음식이 소화된 후가 좋다. 시간을 충분히 들여서 신체가 상당히 부드럽게 될 때까지 계속할 필요가 있다.

그 외에 상세한 것은 뒤에 해설한다.

톤라의 실천

톤라는 다음과 같이 실천한다.

- 먼저 당신 자신이 이담으로 나타났다고 명상한다.
  이때 머리 꼭대기에서 발끝까지 여성의 자궁을 가득 부풀린 것처럼 텅 빈 상태라고 강하게 생각한다. 이것이 비결이다.
- 또 자기의 신체가 실체로서 견고하게 존재한다고 하는 생각을 버리고 자기의 몸이 마치 무지개와 같다고 강하게 생각한다. 이것이 비결이다.
  만약 톤라의 수행이 잘 되면 룽(=생명 에너지)을 나디(맥관)[26]에 강렬한 세력으로 불어넣는 명상을 하더라도 맥관에 혹독한 아픔

---

26) 19쪽 제1장 각주 20) 참조

이 생기지 않는다. 가령 맥관에 아픔이 생기더라도 어떻게든 대처할 수 있을 정도의 아픔이 될 것이다. 반대로 잘 되지 않을 때에는 맥관에 맹렬한 통증을 느낀다. 그 경우에는 어떤 대처도 효과가 없고 수행을 더 이상 할 수 없게 된다.

따라서 이 톤라의 수행에는 많은 시간을 들여 힘써야 한다.

톤콜의 실천

1. 병처럼 채우는 루죤[27)]

 • 먼저 앉기 편한 자리 위에 편한 자세로 결가부좌 한다. 등을 곧바로 세운다. 양손은 양쪽 무릎 위에 둔다.
 • 오른쪽 콧구멍으로부터 숨을 들이마신다. 그리고 왼쪽을 보면서 숨을 천천히 시간을 들여서 전부 내뱉는다.

---

27) 병처럼 채우는 루죤

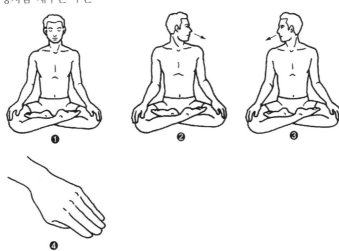

- 왼쪽 콧구멍으로부터 숨을 들이마신다. 그리고 오른쪽을 보면서 숨을 천천히 시간을 들여서 전부 내뱉는다.
- 양쪽 콧구멍으로부터 숨을 들이마신다. 그리고 정면을 보면서 숨을 천천히 시간을 들여서 전부 내뱉는다. 이때 결코 입으로 숨을 들이마시거나 내뱉어서는 안 된다.

  이와 같이 오른쪽으로부터 한 번, 왼쪽으로부터 한 번, 양쪽으로부터 한 번, 합계 세 번에 걸쳐서 들이마시고 내뱉는 호흡을 하나라고 헤아려서 두 번 더 한다.

  그리고 나서 신체를 곧바로 세워서 양손의 엄지를 안쪽으로 구부린다.

- 정면을 향해서 양쪽의 콧구멍으로부터 가능한 한 천천히 시간을 들여서 숨을 들이마신다. 들이마신 숨은 배꼽 아래 즈음에 멈추어 둔다.

- 다음으로 항문과 요도 구멍으로부터 숨을 들이마신다.

  들이마신 숨은 배꼽 아래 즈음으로 끌어올려 멈추어 둔다.

- 그리고 위로 들이마신 숨과 밑으로 들이마신 숨을 배꼽 아래 즈음에서 합쳐서 멈추어 둔다.

  이때 숨을 강하게 이끌지 말고 그렇다해서 너무 풀지도 말고 무리없이 합친다.

  의식은 배꼽 차크라에 집중한다.

- 가능한 한 숨은 그대로 유지한다.

  괴로우면 소리를 내지 않고 고요히 침을 삼키며 참는다.

- 더 이상 괴로워서 참을 수 없게 되면 양쪽 콧구멍으로부터 천천히 내뱉는다.

이상이 병처럼 채우는 루죤이다.

다른 다섯 개의 루죤 또한 호흡법은 모두 이 병처럼 채우는 루죤에 준한다. 그뿐만 아니라 구경차제에서 사용되는 호흡법은 거의 모두가 병처럼 채우는 루죤을 기본으로 한다. 따라서 병처럼 채우는 루죤을 잘 수습하여 완전히 익혀야 한다.

2. 수레바퀴처럼 선회하는 루죤[28]

• 먼저 엎드린다. 엎드리는 방법은 허리를 바닥에 닿도록 내리는 것도 되고 허리를 바닥에서 띄운 채로 할 수도 있다. 다리를 구부려서 엎드리거나 다리를 펼친 채로 허리를 내리거나 하는 식으로 여러 가지 자세로 시도해 보는 것이 중요하다.

• 다음으로 오른쪽 다리의 엄지를 오른쪽 손으로 잡고 왼쪽 다리의 엄지를 왼손으로 잡는다.

이때 허리를 떨어뜨려 엎드리면 그대로 팔을 늘어뜨려서 위로부터 발에 엄지를 잡거나 혹은 팔을 무릎 밑으로 통하여 발의 엄지를 잡거나 여러 가지로 시도해 본다.

• 허리를 바닥에서 띄운 채로 있을 때에도 똑같이 여러 가지 자세를 시도해 보고 신체에 부담을 주면서 수행하도록 한다.

---

28) 수레바퀴처럼 선회하는 루죤을 만들기 위한 여러 가지 자세

- 그 자세 그대로 등을 곧바로 세우고 배와 등을 오른쪽으로 세 번 돌린다.
- 똑같이 배와 등을 왼쪽으로 세 번 돌린다.
- 다시 배와 등을 오른쪽으로 왼쪽으로 세 번 구부린다.
- 똑같이 배와 등을 왼쪽으로부터 오른쪽으로 세 번 구부린다.
- 다음으로 배와 등을 뒤쪽으로 세 번 기울인다.
- 똑같이 배와 등을 앞쪽으로 세 번 구부린다.

  이 동작을 신체가 충분히 부드럽게 될 때까지 몇 번이나 반복한다.

이상이 수레바퀴처럼 선회하는 루죤이다.

3. 갈고리처럼 구부리는 루죤29)

이 루죤은 선 채로도 앉은 채로도 할 수 있다.

- 먼저 양손으로 금강권을 만든다. 금강권이라고 하는 것은 엄지를 안쪽으로 구부려서 중지와 약지와 소지 세 손가락으로 손바닥을

---

29) 갈고리처럼 구부리는 루죤

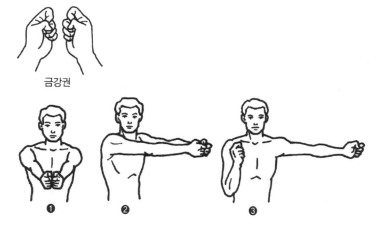

금강권

감싸고 검지(집게손가락)로 제1관절을 누르는 모양이다.

- 금강권을 만든 양손을 합쳐 신장에서 곧바로 앞으로 힘껏 뻗는다.
- 다음은 왼쪽으로 양쪽을 펼친다.
- 그리고서 왼손은 그대로 두고 오른 주먹을 천천히 힘을 들여 오른쪽 어깨까지 끌어당겨 오른쪽 팔꿈치를 오른쪽 겨드랑이에 바짝 붙인다.
- 똑같이 왼쪽 주먹을 천천히 힘을 들여 왼쪽 어깨까지 끌어당겨 왼쪽 팔꿈치를 왼쪽 겨드랑이에 바짝 붙인다.
- 다시 금강권을 만든 양손을 합쳐서 심장에서 곧바로 앞으로 힘껏 뻗는다.
- 다음 오른쪽으로 양손을 펼친다.
- 그리고서 오른손은 그대로 두고 왼손 주먹을 천천히 힘을 들여 왼쪽 어깨까지 끌어당겨 왼쪽 팔꿈치를 왼쪽 겨드랑이에 바짝 붙인다.
- 똑같이 오른쪽 주먹을 천천히 힘을 들여 오른쪽 어깨까지 끌어당겨 오른쪽 팔꿈치를 오른쪽 겨드랑이에 바짝 붙인다.
  이 동작을 신체가 충분히 부드럽게 될 때까지 몇 번이고 반복한다.

이상이 갈고리처럼 구부리는 루죤이다.

4. 금강박인(金剛縛印)을 공중으로 끌어올려 밑으로 끌어내리는 루죤[30]
   이 루죤은 선 채로 행한다.
   - 먼저 양 무릎을 바짝 부쳐서 선다. 신체를 곧바로 펼친다.
   - 양손으로 금강박인을 만든다. 금강박인이라는 것은 양 손가락을

---

30) 금강박인을 공중으로 끌어올려 밑으로 끌어내리는 루죤

서로 바깥쪽으로 교차시켜서 만드는 모양이다.

• 금강박인을 만든 양손을 머리 위로 향해서 천천히 힘껏 뻗어서 마지막에는 하늘을 향해서 찌른다.

• 다음은 금강박인을 만든 양손을 천천히 밑으로 내로 마지막에는 힘껏 바닥에 붙인다.

이 동작을 신체가 충분히 부드럽게 될 때까지 몇 번이고 반복한다.

이상이 금강박인을 공중으로 끌어올려 밑으로 끌어내리는 루존이다.

5. 수컷이 구토하는 방법으로 화살처럼 곧바로 뻗는 루존31)

이 루존은 바닥에 무릎을 꿇은 자세로 행한다.

• 먼저 양쪽 무릎을 붙인 채로 바닥에 무릎을 꿇는다.

• 양손을 바닥에 붙이고 신체를 바로 뻗는다. 이때 머리는 양팔

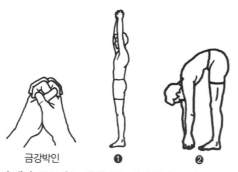

금강박인　　❶　　❷

31) 수캐가 구토하는 방법으로 화살처럼 곧바로 뻗는 루존

❶　　❷　　❸

사이에 끼운다.
- 머리를 천천히 들여올려서 신체를 곧바로 펼친다.
- 다음은 머리를 양팔 사이로 내린다. 이때 양팔은 곧바로 펼친 채로 둔다.
- 그리고 숨을 허파로부터 수컷이 구토할 때 내는 핫이라는 소리를 내면서 토해낸다.
- 그것을 마치면 일어서서 양다리를 각각 세 번씩 흔든다.
  이 동작을 신체가 충분히 부드럽게 될 때까지 몇 번이고 반복한다.

이상 수컷이 구토하는 방법으로 화살처럼 곧바로 뻗는 루죤이다.

6. 머리와 신체를 흔들어 관절을 펼치는 루죤

이 루죤은 선 채로 행한다.
- 먼저 양쪽 손가락을 하나씩 끌어당겨 관절을 펼친다.
- 그리고서 머리와 신체의 여기저기 모든 곳을 흔들어 모든 관절을 펼친다.
- 마지막으로 양손을 씻는 것과 같은 느낌으로 잘 비빈다.
  이 동작을 신체가 충분히 부드럽게 될 때까지 몇 번이고 반복한다.

이상 머리와 신체를 흔들어 관절을 펼치는 루죤이다.

찬다리의 불

찬다리의 불이란 무엇인가?

찬다리의 불은 나로 육법 가운데에서도 매우 중요한 수행이다. 이것은 나로 육법 중에서 찬다리의 불을 제외한 다른 오법(五法)이 모두 찬다리의 불에 익숙해 있는 것을 실천의 전제로 하고 있기 때문이다. 말하자면 이 찬다리의 불을 성취하지 않는 한 나로 육법은 전혀 수행할 수 없다. 사실 까규파는 찬다리의 불이야말로 나로 육법의 근원이라고 간주한다. 찬다리의 불이라고 하는 것은 신체의 내면 깊이 불타오르는 영적인 불(뚬모)이며 현대의학에서는 그 존재를 명확하게 할 수 없다. 그러나 요가에 익숙한 사람은 그 존재를 매우 분명하게 감지할 수 있다고 한다.

세 가지 실천 방법

찬다리의 불을 실천하는 방법은 세 종류가 있다.

1) 맥을 상정해서 명상하는 방법
2) 문자를 상정해서 명상하는 방법
3) 병풍을 이용해서 명상하는 방법

이 세 가지 방법은 마음대로 어느 것을 선택해도 좋다는 뜻이 아니라 먼저 처음에는 1)을 습득하고 다음으로 2) 그리고 나서 3)을 함으로써 서서히 차원을 높여서 수행을 진행하는 그런 과정이다. 그러면 이들 세 가지의 실천 방법에 대해서 자세히 살펴보자.

1. 맥을 상정해서 명상하는 방법

【공양과 기원】

먼저 당신 자신이 앉아있는 전방 공간에 당신 자신이 직접 스승으로 삼고 있는 라마, 그리고 그 라마의 또 그 라마가 있는 식으로 생각한다. 당신의 라마가 속해 있는 법계의 최초 라마로부터 당신의 라마에 이르기까지의 모든 라마들은 많은 다카(공행존)와 다키니(공행모)에 의해서 둘러싸여 있다고 명상한다. 다카란 초능력을 가진 무서운 신들이며 다키니는 그 여성형이다.

그 라마들과 다카와 다키니를 향해서 당신 자신의 신체와 전 재산을 아낌없이 공양으로 바친다.

그리고 이제부터 행하는 수행이 성취되도록 잘 부탁한다.

특히 룽(=생명 에너지)이 안락하게 되고 맥이 부드럽게 되고 낙공무차별의 진리가 당신 자신에게 생기도록 강하게 부탁한다.

그리고서 허공과도 같은 모든 중생을 위해서 지금강의 지위를 획득하는 것, 그 지금강의 지위를 획득하기 위하여 찬다리의 불을 실천하는 것을 생각하면서 당신의 의식 활동의 흐름이 자비로부터 생기는 서원의 보리심과 일체화한다고 명상한다.

【앉는 방법】

• 당신 자신이 이담(수호존)의 본존으로서 시각화하여 사념하면서
　명상의 자리에 앉힌다.

• 명상대를 걸치고 발을 꼬우고 등을 펼치고 목은 약간 구부린다.

• 양쪽 눈은 코끝을 본다.

• 혀는 위턱에 가볍게 붙인다.

- 이빨과 입술은 매우 자연스럽게 한다.
- 신체를 조금 바짝 당기고 마음도 똑같이 조금 바짝 당긴다.
- 상반신은 양어깨를 가볍게 흔든다.
- 양손으로 선정인(禪定印)32)을 맺고 배꼽 아래에 둔다.

【맥관의 상정】

아래와 같이 명상한다.

- 배꼽의 구멍으로부터 손가락 네 개 정도 내린 곳으로부터 신체 안
  쪽으로 들어가 등골 앞 즈음에 세 개의 맥관이 있다고 생각한다.
  세 개의 맥관은 중앙에 아바두티(중앙 맥관), 오른쪽에 로마, 왼
  쪽에 칸마가 위치하고 있다.

  로마와 칸마는 그 아래 끝에서 안쪽으로 구부려지고 아바두티의
  아래 끝과 이어져 있다.

  이들 세 개의 맥관은 아바두티의 위 끝은 이마 부위까지, 로마와
  칸마의 위 끝은 미간 아래에 코 안쪽까지 뻗어있다. 똑같이 아바
  두티의 끝단은 성기가 있는 곳까지 뻗쳐있다.

  맥관의 굵기는 상황에 따라 여러 가지로 바뀌므로 처음부터 결정
  하지 않도록 한다.

  맥관의 색은 보통은 아바두티가 파랗고 로마는 하얗고 칸마는
  빨갛지만 찬다리의 불이 탈 때에는 참기름의 등불과 같은 색으로
  변한다.

---

32) 선정인(禪定印)

【공양과 기원】
아래와 같이 명상한다.

- 네 개의 차크라(사륜)는 로마와 칸마가 아바두티에 다부지게 휘감기고 있는 네 군데에 위치하고 있다.
  배꼽에는 변화륜이 있다. 그 형태는 삼각형이며 64장의 연꽃잎을 가지며 색은 빨갛고 위로 향하고 있다(배꼽의 차크라는 배꼽 그 자체의 안에 있는 것이 아니라 배꼽이 있는 곳으로부터 등뼈 쪽으로 들어간 깊은 곳에 있다).
- 심장에는 법륜이 있다. 그 형태는 원형이며 8장의 연꽃잎을 가지며 색은 하얗고 아래로 향하고 있다(심장의 차크라는 심장 그 자체의 가운데에 있는 것이 아니라 양쪽 젖무덤의 가운데 쪽에서 등뼈 쪽으로 들어간 깊은 곳에 있다).
- 목에는 수용륜이 있다. 그 형태는 원형이며 16장의 연꽃잎을 가지며 색은 빨갛고 위를 향하고 있다(목의 차크라는 목 그 자체 가운데에 있는 것이 아니라 목으로부터 등뼈 쪽으로 들어간 깊은 곳에 있다).
- 이마 끝에는 대락륜이 있다. 그 형태는 삼각형이며 32장의 연꽃잎을 가지며 색은 여러 가지이며 아래를 향하고 있다.

이들 네 개의 차크라를 명상할 때에는 각각 실천(방편)과 지혜(반야)의 일체화를 나타낸다고 생각하면서 행하도록 한다.

각각의 차크라의 연꽃잎의 숫자 등에 대해서는 수행이 진행되면 저절로 정리하게 되니까 처음에는 그 숫자에 구애받지 않도록 한다.

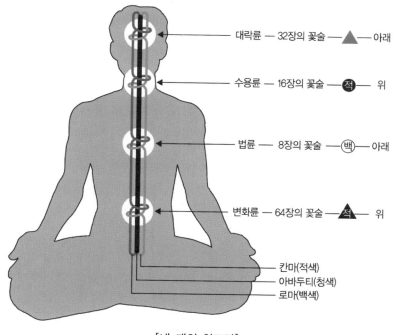

대락륜 — 32장의 꽃술 — ▲ — 아래

수용륜 — 16장의 꽃술 — 적 — 위

법륜 — 8장의 꽃술 — 백 — 아래

변화륜 — 64장의 꽃술 — 적 — 위

칸마(적색)
아바두티(청색)
로마(백색)

[네 개의 차크라]

【명상의 비결】

3맥과 차크라를 명상할 때는 먼저 3맥 쪽을 우선한다.

3맥의 위치를 가르친 대로 상정하고 그 있어야 할 위치를 확고하게 한다.

그리고 언제나 3맥의 존재에 의식을 집중하고 3맥이 현실처럼 시각화 되도록 노력한다. 특히 아바두티와 로마와 칸마가 모이는 네 군데에서 의식을 계속 집중한다. 이것이 특히 중요하다. 다음으로 각각의 차크라의 연꽃 숫자가 가르친 대로 있는지 어떤지에 의식을 집중한다. 이때 서서히 연꽃 잎의 숫자가 올바로 시각화되면 말할 것도 없지만 그렇게 되지 않는 경우는 무리하지 말고 3맥에만 의식을 집중한다.

특히 심장보다 위 영역의 차크라에 의식을 집중한다. 그러나 거기에만 장시간에 걸쳐 의식을 계속 집중하고 있으면 위험할 수가 있다. 따라서 그럴 때 휴식을 취하고 심장보다 아래 영역에서 3맥이 모여 있는 장소에 의식을 집중하도록 한다.

이상이 명상할 때의 비결이지만 성취하는 것은 매우 어렵다. 그래서 톤라와 톤콜을 명상할 때 여기저기 섞어서 수행을 진행해 나갈 것을 강하게 권하고 싶다.

2. 문자를 상정해서 명상하는 방법

간결한 정의

문자를 상정해서 명상하는 방법은 『헤바즈라탄트라』[33]나 『삼푸타 나마 바하 탄트라』 등에 있는 방법이다. 세 개의 맥과 네 개의 차크라(사륜)를 명상할 때 그 장소에 문자를 배치해서 행한다. 그 전제가 되는 세 개의 맥과 네 개의 차크라 상정에 대해서는 맥을 상정해서 명상하는 방법과 같으므로 사전에 참조해 둔다.

---

33) 『헤바즈라탄트라』와 『삼푸타 나마 바하 탄트라』는 두 가지 다 母탄트라를 대표하는 후기 밀교의 경전이다. 성립적으로는 『헤바즈라탄트라』가 가장 빠르고 일련의 삼바라(최승낙)계 탄트라가 뒤를 이었다. 『삼푸타 나마 바하 탄트라』는 그 가운데에서도 가장 늦게 성립되었다고 생각된다.

아　　훔　　옴　　함

【차크라의 문자를 배치하는 방법】

다음과 같이 명상한다.

- 배꼽 차크라를 관통하고 하는 아바두티 안에 작은 월륜이 있다. 그 월륜 중앙에 빨갛고 짧은 아 종자가 있다.
- 심장 차크라를 관통하고 있는 아바두티 안에 작은 월륜이 있다. 그 월륜의 중앙에 파란 거꾸로 된 훔 종자가 있다.
- 목 차크라를 관통하고 있는 아바두티 안에 작은 월륜이 있다. 그 월륜의 중앙에 빨간 옴 종자가 있다.
- 머리 꼭대기 차크라에 도달한 아바두티 안에 작은 월륜이 있다. 그 월륜의 중앙에 거꾸로 된 하얀 함 종자가 있다.

문자를 배치하는 비결

여기에서 아바두티 안이라고 하는 말의 의미는 다시 자세히 설명하면 아바두티에 루마와 칸마가 얽혀 있는 장소이다. 이 부분의 이야기는 『삼푸타 나마 마하 탄트라』에 적힌 다음 시구를 참고하면 된다.

> 심장의 가운데에 있는 연꽃은 8개의 꽃잎을 한가운데 지니고 그 중심을 관통하는 불꽃같은 맥은 파초의 꽃처럼 펼쳐지면서 꽃잎의 정면은 아래로 향하고 가운데에 있는 본존은 하얀 겨자의 크기만한 불변의 훔 종자는 눈처럼 내려 쌓인다.

네 개의 차크라 중앙에 네 개의 문자를 명상하는 것 자체는 여러 가지 구결에 설해져 있지만 의식을 아바두티 안에 집중하는 것은 거의 설해져 있지 않다. 그러나 이 진실을 알지 못하면 룽(=생명 에너지)을 아바두티에 모을 수가 없기에 수행을 성취할 수 없다.

배치하는 문자의 크기는 시구에 써 있는 것처럼 하얀 겨자 알갱이같이 매우 작은 것이 좋다. 이 점은 네 개의 차크라 모두에 공통이다.

말하자면 배치하는 문자는 될 수 있는 한 작게 하고 그 모양을 생생하게 명상한다. 그렇게 하면 생명 에너지를 모으기 쉽게 된다.

배꼽 차크라에 배치하는 짧은 아 종자는 보통은 공점을 갖지 않지만 차크라에 배치할 때만은 공점을 가지고 있는 것으로 명상한다. 그렇게 하지 않으면 명상이 잘 되지 않는다.

또 네 개의 문자는 모두가 월아와 공점과 나다를 갖는 것이라고 명상한다.[34]

명상할 때 주의해야 할 점

배치한 문자를 명상할 때 명상하는 주체인 당신 자신이 명상의 객체인 문자를 본다고 하는 식으로 행해서는 안 된다. 미세한 문자 안으로 당신의 의식이 들어간다고 하는 이미지로 명상한다.

이와 같은 방법의 명상에 숙달되면 장차 수행이 진행된 끝에 일어나게 될 의식과 물방울(티크레)을 섞는 명상을 편안히 할 수 있어서 생명 에너지를 쉽게 모으게 된다.

명상을 행할 때 너무 긴장하면 우울 상태에 빠지기 쉽다. 반대로

---

[34]

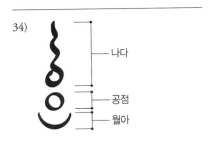

└ 나다

└ 공점
└ 월아

긴장을 하지 않으면 조증 상태에 빠지기 쉽다. 그 양쪽 모두가 수행에 방해가 되므로 마음을 언제나 안정시켜두는 것이 중요하다.

심장으로부터 위에 있는 차크라에 배치한 문자를 명상하는 일이 익숙하지 않을 때 많은 시간이 들지 않도록 하고 될 수 있는 한 짧은 시간에 끝낸다.

처음에는 배꼽 차크라의 짧은 아 종자에 집중한다.

문자가 너무 미세하여서 명상이 잘 되지 않는다면 조금 크게 상정하여 명상한다. 익숙해지면 문자를 조금씩 작게 하여 마지막에는 가능한 한 미세하게 한다.

환희를 얻기 위한 준비 명상에 대하여

본래 찬다리의 불을 명상하는 목적은 사환희(四歡喜)[35]를 일으키기 위한 것이다. 사환희를 일으키기 위해서는 먼저 맥관으로부터 녹아내린 보리심(정액)[36]과 룽(생명 에너지) 두 개를 머리 꼭대기 차크라에 모으지 않으면 안 된다.

그것이 나누어져서 아래로 내려가고 목 차크라에 모이면 최승환희가 생긴다.

다시 갈라져 아래로 내려가 심장 차크라에 모이면 이휘 환희가 생긴다.

다시 갈라져 아래로 내려가 배꼽 차크라에 모이면 후생 환희가 생긴다.

---

35) 24쪽 제1장 각주 29) 참조
36) 116쪽 제2장 각주 127) 참조

따라서 네 개의 차크라의 중앙을 관통하는 아바두티 안에 문자를 명상하여 의식을 집중할 수가 있다면 그 네 개의 장소에 보리심과 생명 에너지를 매우 잘 모을 수 있게 되며, 네 가지 환희를 일으키게 된다.

이런 체험을 반복하여 네 가지 환희가 반드시 생기도록 한다.

위쪽으로부터 아래쪽으로 보리심을 녹여서 내릴 때 상정되는 차크라가 있는 곳에 오랜 시간에 걸쳐서 보리심을 멈추어 두지 않으면 각각의 환희의 특징을 충분히 확인할 수 없다. 특히 구생환희는 확인하기 어렵다. 그래서 각각의 차크라가 있는 곳에 보리심을 가능한 한, 오래 멈추어 둘 수 있도록 노력하는 의미는 크다.

개별적인 문자에 의식을 집중하는 이익

머리 꼭대기 차크라의 함 종자에 충분히 의식을 집중하여 함 종자의 존재를 확고한 것으로 한다면 그것은 본래 남성원리인 하얀 물방울(티크레)가 머무는 장소이므로 하얀 정액이 증대되는 큰 이익을 얻을 수가 있다.

목 차크라의 옴 종자에 충분히 의식을 집중하여 옴 종자의 존재를 확고하게 하면 그것은 본래 로마에 의해서 여성 원리인 혈액을 증대시키는 기능을 갖는 장소이므로 배꼽 차크라로부터 상승해오는 찬다리의 불을 더욱더 활활 태우고 물방울을 유도한다고 하는 큰 이익을 얻을 수 있다. 그리고 목 차크라는 꿈과 밀접한 관계가 있으므로 꿈을 이용하는 명상법(미람)의 성취하게 하는 큰 이익을 얻을 수가 있다.

심장 차크라의 훔 종자에 충분히 의식을 집중하여 훔 종자의 존재를 확고한 것으로 할 수 있다면 그것은 본래 공성이 광명으로서 나타나는 최고의 장소이므로 각성할 때와 수면할 때의 양쪽에 광명이 나타난다고 하는 큰 이익을 얻을 수가 있다.

배꼽 차크라의 짧은 아 종자에 충분히 의식을 집중하여 짧은 아 종자의 존재를 확고한 것으로 할 수 있다면 거기는 본래 정액을 증대시키는 기능을 가진 장소이므로 온몸에 하얀 보리심(정액)을 충만케 하는 큰 이익을 얻을 수가 있다. 그리고 배꼽 차크라는 찬다리의 불이 타는 특별한 장소이므로 보리심을 녹아내리게 하는 큰 이익을 얻을 수가 있다.

이상과 같이 차크라와 거기에 시각화되는 문자를 명상하는 일이 얼마나 중요한 일인가를 충분히 인식한다. 차크라에 배치된 문자에 의식을 집중하여 그 존재를 확고한 것으로 하는 중요성은 위대한 성취자들도 그렇게 언급하고 있다.

3. 병풍을 이용해서 명상하는 방법

수행의 전제조건

병풍을 이용하여 명상하는 방법을 수행할 때 맥을 상정해서 명상하는 방법과 문자를 상정해서 명상하는 방법을 완전히 습득하고 있어야만 한다.

특히 배꼽 차크라에 짧은 아 종자를 명상하는 수행에 숙달되어 있으면 룽(생명 에너지)과 의식의 움직임은 완전히 같다고 하는 원리를 알아차렸기 때문에 의식을 집중하는 장소에 생명 에너지를 확실하게 모을 수가 있다.

네 가지 단계

병풍을 이용해서 명상하는 방법에는 네 가지 단계가 있다. 그것은 흡인, 충만, 압축(제거), 화살과 같은 방출이다. 이 이야기들은 파크모두파[37]가 쓰신 주석서에 간결하면서도 제대로 된 기술이 있으므로 그 핵심을 소개한다.

흡인(吸引)의 수행에서 숨을 쉴 때 입이 아니라 코로 들이쉰다. 그때 강하게 들이쉬지 않고 부드럽게 천천히 오래 들이쉰다. 충만(充滿)의 수행에서는 들이쉰 숨을 밖으로 방출하지 않도록 하여 로마와 칸마의 두 개의 맥으로 끌어들이고 마치 장에 숨을 불어넣은 것처럼 두 개의 맥이 가득 채워졌다고 명상한다. 압축(壓縮)의 수행에서 생명 에너지로 가득 채워진 두 개의 맥으로부터 그 생명 에너지를 전부 아바두티 안에 보냈다고 명상한다. 힘들어지면 소리를 내지 않고 침을 삼키면서 참고 생명 에너지를 배꼽 차크라가 있는 곳에 가능한 한 오래 멈춘다. 다시 항문과 요도 구멍에서 아래의 생명 에너지를 부드럽게 빨아들이고 끌어올려 똑같이 배꼽 차크라가 있는 곳에 가능한 한 오래 멈춘다.

아바두티에 생명 에너지를 보냈을 때 만약 로마와 칸마에 생명 에너지가 남아있다면 손가락으로 그것을 튕겨서 순간적으로 밖으로 꺼낸다. 그리고 아바두티 안에 들어간 생명 에너지는 움직이지 않도록 묶어두어야 한다. 그래서 이 단계를 압축과 제거라고 부르는 것이다.

또 이때 배꼽 차크라가 있는 곳에 병이 있다고 명상하기 때문에

---

37) 파크모두파(1110~1170)는 까규파의 시조이다. 간포파의 제자로 대인계의 성취자로 유명하다.

수행의 전체를 병풍을 이용하는 명상이라고 부르는 것이다.

화살과 같은 방출의 수행에서는 생명 에너지를 밖으로 배출하지만 그때 생명 에너지가 아바두티 안을 천천히 조용히 상승한다고 명상한다. 다만 생명 에너지가 머리 꼭대기로부터 나온다고 명상해서는 안 된다.

상하의 생명 에너지를 제어하는 비결

배꼽보다 위에 있는 생명 에너지를 지명풍(持命風), 배꼽보다 아래에 있는 생명 에너지를 하강풍(下降風)이라고 부른다. 이 상하의 생명 에너지를 어떻게 조절하는가에 대해서는 여러 가지 설이 있다.

그러나 그 대부분은 잘못된 것으로 『삼바라탄트라』[38] 안에 적힌 위와 아래로 향한 생명 에너지를 의식에 의해서 합친다고 하는 글귀의 참뜻을 올바로 이해하고 있지 못한 것이다. 위인가, 아래인가 그 어느 한쪽만을 선택하여 생명 에너지를 사용하는 수행법은 완전히 잘못된 것으로 여기서는 논하지 않는다. 한편 위와 아래의 생명 에너지를 동시에 움직이는 것도 잘못이다. 먼저 위로부터 들어온 생명 에너지를 밑으로 내리고 그런 다음에 밑에서 들어온 생명 에너지를 위로 올려야 한다.

또 생명 에너지의 하강과 상승을 세 번씩 행한다고 설하는 자도 있지만 이것도 잘못이다. 한 번 행하면 충분한 것이며 세 번이나 행할 필요는 없다. 신체 전부를 생명 에너지로 채운다고 명상하는 것은

---

38) 『삼바라탄트라』는 母탄트라를 대표하는 일련의 삼바라계 탄트라에 속하는 후기 밀교의 경전이다.

잘못이다. 심장과 목으로부터 위를 생명 에너지로 채운다고 명상하는 것도 잘못이다. 말하자면 생명 에너지를 아바두티에 넣기 위해서는 특정한 장소에 짧은 아 종자39)를 상정하여 거기에서 상하의 생명 에너지를 합치도록 하지 않으면 잘 되지 않는다.

다시 로마와 칸마에 생명 에너지를 불어넣을 때에는 아바두티의 밸브를 닫고 아바두티에 생명 에너지를 불어넣을 때에는 로마와 칸마의 밸브를 닫는다. 말하자면 병을 상정해서 수행할 때에는 로마와 칸마로부터 생명 에너지가 밖으로 새지 않도록 차단하는 것과 아바두티로 끌어들이는 것 양쪽에 숙달한 다음에 비로소 생명 에너지를 자유자재로 아바두티로 끌어들일 수 있게 된다.

생명 에너지를 차단하고 방출하는 비결

생명 에너지를 잘 차단하는 방법 그리고 얼마나 시간을 들여서 밖으로 방출할 수 있는가 하는 문제에 대해서 길상 파크모두파는 구결 중에 이렇게 말하고 있다.

처음에 생명 에너지가 통하는 맥을 정화하는 데에 집중해야 하며 생명 에너지를 무리하게 강하게 통하게 해서는 안 된다. 무리가 생기지 않도록 가능한 한 오래 생명 에너지를 압축하고, 그리고서 서서히 끌어올려서 머물게 한다. 이 구결에 있는 것처럼 생명 에너지를 부드럽게 하고 배꼽 차크라가 있는 곳에서 자유자재로 합칠 수 있을 때까지 상반신을 흔들면서 생명 에너지를 머물게 하거나 상하의 생명 에너지를 무리하게 강하게 끌어당겨서 머물게 하려고 해서는 안 된다.

---

39) 아 ཨ

생명 에너지를 머물게 하는 시간도 괴로워질 때까지 참아야 하지만 만약 고통스러우면 무리하게 연장하여 생명 에너지를 아바두티에 모으는 효과는 그다지 없기에 그때 무리를 하지 않고 생명 에너지를 밖으로 방출하는 편이 좋다. 다시 차크라 바깥쪽에 생명 에너지를 머물게 하면 체온을 상승시키거나 환희의 감각을 초래하거나 하는 식으로 얼마간의 열과 환희(쾌락)가 생길지도 모른다. 그것은 생명 에너지를 아바두티로 끌어들이기 위해서는 하등 쓸모가 없다.

무리는 하지 않을 것

가령 처음으로 명상을 행할 때 대상에 의식을 집중하는 것은 매우 짧은 시간이라도 어렵다. 그렇게 해서는 올바른 명상을 달성할 수 없다. 수행을 쌓아서 특별한 레벨에 도달해야만 비로소 대상에 의식을 계속 집중할 수 있게 된다. 똑같이 생명 에너지를 무리해서 배꼽 차크라가 있는 곳으로 집어넣으려고 하면 넣을 수는 있겠지만 곧 새어버린다. 매우 자연스럽게 머물지도 않는다. 억지로 하려고 해도 머물러 있고 싶은 곳에 머물지 않는다. 도리어 위험한 장애를 불러일으키며 바람직한 성과를 달성할 수 없다.

생명 에너지가 매우 자연스럽게 머물기 시작하면 머물고 있는 시간을 연장할 수도 있게 된다. 그 과정을 주의 깊게 정성 들여서 관찰하면 생명 에너지가 자연스럽게 머물러 있는지 아닌지 또 머물러 있고 싶은 곳에 머물러 있는지 아닌지를 아는 능력이 길러진다.

수행을 행하는 시간대와 길이에 대하여

병풍(甁風)의 수행을 행하는 시간대는 위장이 텅 비어 있을 때 혹은 음식물이 충분히 소화되었을 때가 좋다. 명상하는 시간도 그다지 길지 않도록 하고 피곤해지면 적절하게 휴식을 취한다. 너무 오래 하는 것은 절대로 금물이다.

찬다리의 불을 정화한다

병풍을 머무르게 하는 기술에 익숙해지면 배꼽과 심장과 목과 머리 꼭대기 차크라의 중앙에 있는 네 개의 문자를 생생하게 보는 기술을 연마한다. 문자는 아바두티 안에 있으며 그 아바두티에 로마와 칸마가 얽혀 있다. 이와 같이 상정해서 짧은 아 종자와 훔 종자, 옴 종자와 함 종자를 명상한다.[40]

그렇게 하면 비밀처(성기)가 있는 곳의 차크라에 고여 있는 생명에너지가 본래 찬다리의 불의 주거인 배꼽 차크라에 배치된 짧은 아 종자에 광명을 지핀다. 이 광명은 아바두티 안에서 상승해서 심장과 목과 머리 꼭대기의 차크라에 배치된 훔 종자, 옴 종자와 함 종자를 녹여서 융합시킨다. 녹여서 융합된 문자는 하강하여 배꼽 차크라에 배치된 짧은 아 종자 안에 흡수되어 하나가 된다.

이렇게 생긴 구생환희를 그 본송으로 하는 티크레(물방울)에 의식을 집중한다. 여기까지 오면 그 물방울로부터 찬다리의 불에 매우 작은 불꽃이 생기므로 그 불꽃에 의식을 집중한다. 이 불꽃으로부터

---

40)   아   훔   옴   함

생긴 광명은 아바두티를 상승하게 하며 머리 꼭대기 차크라 안에 있는 하얀 보리심의 물방울을 녹여서 융합시킨다.

그런 다음에 그것은 꿀처럼 방울방울 떨어져서 배꼽 차크라에 배치된 짧은 아 종자를 채운다. 그 짧은 아 종자에 그 존재를 확고한 것이 될 때까지 일심(一心)으로 의식을 계속 집중한다. 명상에 익숙해지면 찬다리의 불로부터 방사된 광명이 당신 신체의 안과 밖을 함께 빛나게 할 것이다. 당신이 앉아 있는 장소는 본래 모든 곳을 손에 쥔 쿨라의 과실처럼 투명하게 될 것이다.

이와 같이 매우 작은 불꽃에 의식을 집중하면서 명상을 하는 것이 중요하다. 그렇게 하면 명상의 경지를 더욱 예민하게 하고 명상의 힘이 최고도에 이르면 재빨리 환희를 높여준다.

아바두티에 생명 에너지를 주입하고 멈추게 하여 녹여서 섞는 방법

자격 인정에 대하여

이제까지 해설해 왔던 것을 완벽하게 실천할 수 있는 경지에 도달했다면 이제 찬다리의 불의 수행도 그 본래의 목적을 달성할 수 있는 경지로 들어간다. 그리고 이제까지 해설해 왔던 것이 완벽하게 실천되는지 아닌지, 즉 다음 경지로 나아갈 자격이 있는지 없는지를 정확하게 판단하는 것은 쉽지 않다. 많은 책이나 구전에 여러 가지 징후에 대하여 이야기하고 있지만 잘못된 것도 적지 않다. 또 비슷하지만 전혀 아닌 징후도 많이 있기에 충분히 주의해야 한다.

콧구멍의 움직임으로 확인하기

그런 점에서 가장 확실한 인정법은 수행을 마친 시점에서 숨을 들이쉬는 콧구멍의 움직임을 자세히 보는 방법이다. 그다음 신체 기법과 정신 집중으로 향하도록 한다. 구체적으로는 얼마간의 수행을 마친 시점에서 콧구멍을 관찰하여 숨이 양쪽 콧구멍으로부터 고요히 들어오는지 아닌지를 보기 위하여 몇 번씩 호흡을 해 본다. 한쪽 콧구멍으로부터 아무런 힘을 쓰지 않고도 저절로 고요한 숨이 들어오면 생명 에너지가 아바두티로 끌려오는 경지에 당신의 요가가 도달하고 있다는 징후이다. 그러나 한 번이나 두 번 정도의 관찰로는 확실하지 않기 때문에 주의해야 한다.

만약 어떠한 나쁜 조건(악연)이 없다면 숨은 양쪽 콧구멍으로부터 흘러 들어가고 그 힘이 양쪽 모두 완전히 똑같다. 한쪽이 강하고 한쪽이 약한 그런 일은 없다. 이것이 최고의 징후이다. 그것은 생명 에너지가 아바두티로 끌려오기 시작한 경지에 도달해 있다고 간주해도 좋은 것이다. 그러나 일단 아바두티에 들어가 숨이 양쪽 콧구멍 사이를 왔다갔다 하지 않는 것은 아니다. 그것은 숨이 아바두티에 들어갔다는 것을 의미한다.

숨의 멈춤에 따른 얻음과 잃음

숨을 멈추어 두는 과정에 관해서는 열심히 명상하고 있으면 숨은 차츰 약해진다. 그 마지막 모습을 잘 보아야 한다. 숨이 차츰 미약하게 되어 나중에는 완전히 멈춘다.

이 부분에 대해서는 존자 밀라레파가 다음과 같이 말하고 있다.

로마와 칸마 가운데 생명 에너지가 아바두티에 들어오면 환희를 체험한다.

또 이렇게도 말하고 있다.

숨이 완전히 오고 가지 않으면, 환희
숨의 흐름이 완벽하게 멈추면, 환희

숨의 흐름이 멈추면 두 가지 사태가 일어날 수 있다. 하나는 생명 에너지와 섞이는 과정이 쉬워진다. 또 하나는 생명 에너지와 섞이는 과정이 더욱 어려워진다. 만약 어려울 때 잠시 배를 숨으로 가득 채워서 그로부터 그 감각이 사라지고 완전히 사라진 순간 배꼽과 비밀처의 차크라에 있는 찬다리의 불이 있는 곳으로부터 열의 감각이 생기고 그 열이 보리심과 섞이어 차츰 환희를 체험한다고 명상한다. 그러나 미약한 숨을 멈추어 버리면 울음이 터질 만한 상태를 초래할 우려가 있다. 그런 장애를 만났을 경우 호흡이 완전히 정지해 버릴지도 모른다.

배꼽 차크라 중앙에 의식을 집중하는 것이 숙달되지 않은 채로 단지 병풍의 기술을 구사하더라도 생명 에너지가 머물지 못하고 다른 곳으로 새어버린다. 그렇게 되면 숨의 흐름이 없어질 뿐 아니라 차크라 안에 생명 에너지를 머물게 하지도 못하게 된다. 아바두티로 끌어들이는 것도 섞는 것도 할 수 없게 된다. 따라서 수행을 하는 자는 이런 차이를 충분히 인식해야 한다.

생명 에너지를 머물게 하는 시간의 길이

생명 에너지를 머물게 하는 시간의 길이에 대해서는 『승락생』에 다음과 같이 쓰여 있다.

병풍의 수행을 가르침대로 실천하고자 하면
수행자 자신은 결가부좌하여
손을 세 번 비비고
다음에 여섯 번 손가락을 튕긴다.
숨이 고일 때까지
36번 헤아리고
병풍의 수행을 계속한다.
36번을 세 번 계속하면
108회 이상 숨을 고이게 할 수 있다.

여기에 쓰여 있는 것처럼 오른쪽 손바닥을 왼쪽 손 위에 두세 번 비비고 나서 여섯 번 손가락을 튕긴다. 108번 헤아릴 동안 숨을 멈출 수 있다면 최고이다. 72회 하면 그런대로 괜찮다. 최소 36번 헤아릴 동안 숨을 멈추어 둔다. 이 세 가지 경지에 도달하면 죽음을 면할 수 있다.

징후가 드러나는 방식과 찬다리의 불을 태우는 법

징후가 나타나는 방식

아바두티에 생명 에너지를 끌어들이면 여러 가지 징후가 나타난다. 그 나타나는 양상에 대해서는 대성취자인 라와파[41]가 이렇게 말하고 있다.

첫 번째 징후는 초식동물의 발정과 같다.

---

41) 라와파는 티로파의 제자이다. 삼바라계 탄트라에 얽힌 법을 전수받았다고 전해진다. 또 6법 가운데에서 광명에 관한 달인으로서 유명하다.

두 번째 징후는 연기와 같다.

세 번째 징후는 반딧불과 같다.

네 번째 징후는 타는 등불의 빛과 같다.

다섯 번째 징후는 명확한 형태가 없으며 구름이 없는 허공과 같다.

이 중에서 초식동물의 발정이라고 하는 글의 의미는 아지랑이를 말한다. 말하자면 확실하지 않고 마음속에 니글니글한 느낌을 가리킨다. 뒤로 가면 갈수록 징후는 확실해진다. 어떻든 징후는 아지랑이나 연기 등과 비슷하다. 최근[42]에는 이들 징후에 대한 해석에 세 가지가 있다.

첫 번째는 전승되어 왔던 글자 그대로의 징후는 나타나지 않는다고 하는 설이다.

두 번째는 그러한 체험은 징후를 느끼는 마음이 안정되어 있는가 동요되어 있는가를 반영하고 있음에 지나지 않다고 하는 설이다.

세 번째는 연기라든가 그 어떤 것인가라는 것은 역시 전승된 글자 그대로 나타난다고 하는 설이다.

마지막 설이 가장 올바르다.

실제 문제로서 생명 에너지를 모으는 방법에 따라서 힘은 여러 가지로 나타나기 때문에 체험의 깊이라든가 안정되어 있는지 안정되어 있지 않은지라는 문제와도 관계된다. 따라서 비전의 기술도 상식적으로는 이루어지지 않는다. 예를 들면, 연기라든가 그 어떤 것인가라는 징후는 특수한 기술을 구사하여 생명 에너지를 아바두티에 끌어들

---

42) 쫑카파가 제세하고 있던 때를 말한다. 즉 14세기 후반에서 15세기 초까지이다.

이고 거기에 의식을 잠시 머물게 한 결과로서 감득되는 경우도 있다. 그런 일을 하지 않고도 단지 무분별 삼매[43]에 빠져 있다고 하는 징후만으로 감득되는 경우도 있기에 그 차이를 명확하게 구분해야 한다.

징후의 핵심

이들 두 가지 가운데에 전자에 대하여 말하자면 수행의 요결은 지(地)의 에너지를 일단 단전에 두는 데에 있다. 세 가지 징후는 지(地)의 에너지가 조금이라도 재기되었을 때 나타난다고 한다. 똑같이 성력(性力)의 문을 통해서 밖으로 흘러 나오는 에너지도 일단 단절하여 두었다가 재기시킬 필요가 있다. 여러 가지 징후가 나타나는 것은 이 과정이 시작될 때와 조금이라도 확립되었을 때와 이들 생명 에너지가 조금이라도 아바두티에 들어갔을 때이다. 다시 더 높은 경지에 도달하면 생명 에너지의 흐름은 정지하고 생명 에너지의 정지를 나타내는 특별한 징후의 경지가 있게 된다. 섞이는 것 및 생명 에너지가 아바두티에 끌어들여지는 과정에 따라 징후가 생길 때에는 아지랑이로부터 구름이 없는 허공까지의 다섯 가지 징후 모두가 중단됨이 없이 나타난다.

지(地)의 에너지가 수(水)의 에너지와 섞이면 아지랑이에 닮은 징후가 나타난다. 수(水)의 에너지가 불(火)의 에너지와 섞이면 연기의 징후가 나타난다. 불(火)의 에너지가 바람(風)의 에너지와 섞이면 반딧불이 명멸하는 것과 같은 섬광의 징후가 나타난다. 그리고 허망분별(虛妄分別)[44]이 탈 바람(風)의 에너지가 마음와 섞이면 바람(風)에도

---

43) 무분별삼매(無分別三昧)란 주체와 객체의 구별이 없어지는 경지이다.

흔들림이 없는 버터 등불[45]의 빛에 매우 닮은 것으로 나타난다. 이들 징후가 단계적으로 생기면 수행자가 마하무드라를 실천하는 경지에 도달한 명확한 증거가 된다고 한다.

찬다리의 불을 태우는 방법

찬다리의 불을 태우는 방법은 실로 여러 가지가 있다. 예를 들어 보자.

처음부터 아바두티 안에 있으면서 배꼽과 비밀처(성기)의 차크라에서 불타오르는 경우와 아바두티의 바깥 쪽에서 불타올라 불의 세력을 증대시키는 경우가 있다. 다음으로 신체의 깊은 속으로부터 타오르는 경우와 신체의 표층, 즉 피부와 몸 사이에서 불타오르는 경우가 있다. 또 수행을 시작하자마자 신체의 한정된 곳에서 불타오르는 경우와 신체의 여기저기에서 불타오르는 경우가 있다. 다시 천천히 불타오르는 경우와 순식간에 불타오르는 경우가 있다. 불의 세력이 강한 경우와 불의 세력이 약한 경우가 있다. 어떤 경우에도 앞쪽이 뒤쪽보다 뛰어나다. 뒤쪽은 그다지 바람직하지 않은 체험이다.

환희의 단계와 그 부차적 효과

이들 차이에 의해서 생기는 환희의 레벨에도 차이가 있다. 뛰어난 찬다리의 불이 타는 것과 단지 열을 내는 것은 완전히 다르다. 또 생명 에너지를 조절하는 것만으로 생긴 환희와 보리심(정액)을 섞음

---

44) 허망분별(虛妄分別)은 개념적인 사고이다.
45) 버터 등불이란 버터를 연료로 하는 등불이다. 티베트에서는 일반적으로 버터에 심지를 심어서 등을 켜서 등불로 삼는다. 특유의 달콤새콤한 냄새가 난다.

으로써 생기는 환희와는 완전히 다르다. 수행자는 이들의 차이를 잘 알아야 한다. 뛰어난 찬다리의 불이 타오를 때마다 보리심이 섞인다. 그러면 사대의 밸런스가 유지되기 때문에 부차적으로 병에 걸리지 않게 된다. 역으로 뛰어난 찬다리의 불이 조금밖에 없으면 당연하지만 물방울을 섞을 수가 없다. 담즙과 성욕이 밸런스를 잃어버린 신체 안에서 증대할지도 모르고 환희를 얻기는커녕 불쾌한 열로 괴로워할지도 모른다. 찬다리 불의 점화가 잘 되면 하얀 보리심[46]과 섞이고 증대한다. 이 하얀 물방울과 섞여서 방울방울 떨어져 내려오면 빨간 보리심[47]의 찬다리 불은 더욱더 불타오른다.

보리심을 섞어서 네 가지 환희를 생성시키는 방법

순관(順觀)[48]의 네 가지 환희

보리심(정액)과 섞여서 위쪽으로부터 아래쪽으로 특정한 장소에 이르렀을 때 네 가지 환희를 생성시키는 방법에 대해서는 『금강만』[49] 가운데에 다음과 같이 설해 있다.

---

46) 하얀 보리심이란 본래는 남성의 정액을 의미하지만 여기에서는 보다 더 영적인 의미가 부여된다.

47) 빨간 보리심이란 본래는 여성의 경혈을 의미하지만 여기에서는 보다 더 영적인 의미가 부여된다.

48) 순관(順觀)이란 보리심을 머리 꼭대기 차크라로부터 하강시켜서 배꼽 차크라에로 이르게 하는 명상법이다.

49) 『금강만』(金剛鬘)은 『비밀집회탄트라』를 번역한 탄트라이다. 말하자면 근본탄트라인 『비밀집회탄트라』에 근거하여 거기로부터 도출된 보다 구체적인 수행법을 해설한 밀교 경전이다.

그것은 순관(順觀)이라고 불린다.
머리 꼭대기 차크라인 대락륜(大樂輪)에서 환희(歡喜)가 생성된다.
목 차크라인 수용륜(受用輪)에서 최승환희(最勝歡喜)가 생성된다.
심장 차크라인 법륜(法輪)에서 이선환희(離善歡喜)가 생성된다.
배꼽 차크라인 변화륜(變化輪)에서 구생환희(俱生歡喜)가 생성된다.
이와 같이 네 가지 환희(四歡喜)가 체험된다.

여기에 설해 있는 것처럼, 보리심이 머리 꼭대기 차크라를 떠나서 배꼽 차크라에 도달했을 때 환희가 체험된다. 보리심이 목 차크라를 떠나서 심장 차크라에 도달했을 때 최승환희가 체험된다. 보리심이 심장 차크라를 떠나서 배꼽 차크라에 도달했을 때 이선환희가 체험된다. 마지막으로 보리심이 배꼽 차크라를 떠나서 비밀처의 보배(남근)의 끝에 도달했을 때 구생환희가 체험된다.

역관(逆觀)50)의 네 가지 환희

물방울(=보리심)이 차크라를 지나서 아바두티로 다시 상승할 때 어떻게 사환희를 체험하는가에 대해서는 똑같이 『금강만』 가운데에 다음과 같이 설해 있다.

변화륜에서 환희가
법륜에서 최승환희가
수용륜에서 이희환희가
대락륜에서 구생환희가
이와 같이 네 개의 상승방향의 환희가

---

50) 역관(逆觀)이란 보리심을 배꼽 차크라로부터 상승시켜서 머리 꼭대기 차크라에로 이르게 하는 명상법이다.

역관(逆觀)에서 체험된다.

여기에서 그 과정은 방향이 역으로 되는 점을 제외하면 하강 방향의 환희가 나타나는 양상에 준한다고 설한다. 같은 설은 『대인의 명적』51)에도 설해져 있다.

달의 16과 태양의 16가지 모양과 상태

하강 방향과 상승 방향의 네 가지 환희는 각각 네 개씩으로 나누어진다. 이것은 달의 16양상으로 알려져 있다. 태양을 기준으로 하는 구분에서는 네 개씩을 세 개씩으로 구분하여 태양의 진리의 양상으로 된다.

같은 『대인의 명적』 가운데에 다음과 같이 설해져 있다.

> 달의 양상처럼
> 16의 환희의 물방울이 있다.
> 그것은 산스크리트어의 16의 모음52)의 본질이라고 이해한다.
> 네 개의 차크라에서 체험하는 경지로부터
> 태양의 12개의 양상이 생긴다고 한다.
> 이와 같이 가르침은 전해진다.

여기에서 하얀 보리심이 아바두티와 네 개의 차크라를 지나서 하강하고 또 상승할 때 빨간 보리심을 수반하는 것이 설해져 있다. 이와

---

51) 『대인의 명적』은 『헤바즈라탄트라』를 번역한 탄트라이다. 근본 탄트라인 『헤바즈라탄트라』에 근거하여 거기에서 도출된 것보다 구체적인 수행법을 해설한 밀교 경전이다.

52) 산스크리트어에서는 아·아- ·이·이- ·우·우- ·애·오- ·아이·아우·암·아크·디·리- ·료·료-으로부터 된 16의 모음을 갖는다.

같이 어떤 차크라에서도 네 개의 체험요소가 있으며 그 모두가 더할 수 없는 환희의 체험을 초래한다. 그것을 가르켜 달의 16양상이라고 한다. 똑같이 네 개의 차크라 각각에서 체험되는 환희는 소·중·대의 세 개의 차원으로 나누어진다. 이것을 태양의 12양상이라고 한다. 수행자는 체험의 연속 가운데에 이들 16양상과 12양상을 자세히 보는 방법을 익혀야 한다.

환희를 확실하게 얻는 비결

일반적으로 하강할 때 환희는 물방울이 차크라를 경유하여 아바두티를 다시 상승할 때의 환희에 비교하면 그다지 강하지 않다. 보리심이 아래로부터 올려질 때 머리 꼭대기의 차크라를 제대로 조절할 수 없으면 환희의 체험을 확실하게 얻을 수 없다. 머리 꼭대기 차크라를 제대로 조절할 수 있으면 환희의 체험은 확고한 것이 된다.

똑같이 『대인의 명적』 가운데에 다음과 같이 설해져 있다.

생명 에너지에 올라탄 의식이 흐를 때
보리심이 아바두티를 다시 상승시킨다.
그리고 물방울이 연꽃 중심에 깃든다.
만약 그것이 거기에 안주한다면 환희의 왕은 계속 머물게 된다.
마치 구멍이 없는 용기가
물이 새지 않는 것처럼,
그때 환희의 체험은 견고하게 되고
그 견고함이 나중에 구생환희를 일으킨다.
그 결과 무진장(無盡藏)의 불성을
요가행자는 반드시 획득한다.

『요문포』가 지적하고 있는 것처럼 여기에서 말하는 의식이란 하얀 물방울(정액)을 말한다. 또 흐른다고 하는 것은 역관을 말한다. 견고하게 된다는 것은 머리 꼭대기 차크라에 관한 것이다.

수많은 구결이 설하는 바에 의하면, 찬다리의 불의 명상은 따뜻한 감각을 일으키고 이 따뜻한 감각에 의해서 보리심은 아바두티 안에서 섞이게 된다고 한다. 이러한 섞임이 환희를 일으키고 그 환희로부터 개념적인 사고(허망분별)를 넘어서는 경지가 나타난다. 그러나 이런 이해의 깊이는 단지 일반론으로서 네 개의 하강에 수반된 환희와 아래로부터 다시 상승하는 데에 수반된 환희의 중요성을 이야기하고 있는 것도 아니며 특별히 구생환희에 머무는 것에 대한 중요성을 이야기하고 있는 것도 아니다. 이상의 하강과 상승에 수반된 두 묶음의 4환희에 관한 해설은 탄트라 원전에 설해져 있는 내용뿐 아니라 인도의 대성취자들이 남긴 문헌 중에 설해져 있는 내용도 첨가하여 적었다.

일반적으로 보면, 환희의 체험을 얻기 위해서는 이제까지 해설한 요가의 방법에 의해 보리심을 섞는 명상을 반드시 실천해야 하는 것이 아니고 그런 방법을 실천하지 않더라도 얻을 수 있다. 어떤 경우에도 배꼽과 비밀처의 차크라에서 찬다리의 불을 태우고 그 열에 의해서 보리심이 움직인다. 다만 이것은 흐름이 아바두티 안에서 생기는 것을 반드시 의미하지는 않는다. 이와 같이 생명 에너지를 아바두티로 끌어들이는 능력을 가지고 있지 않음에도 불구하고 보리심과 섞어 환희를 체험하는 실천자도 있다. 이런 일은 신체의 특정한 장소에 의식을 집중하는 명상의 테크닉을 사용할 경우에 일어나기 쉽다.

보리심 조절

일단 보리심이 움직이기 시작했다면 보리심이 금강보(남근)의 차크라에 도달할 때까지 확실하게 조절하는 기법을 체득해두어야 한다. 그렇지 않으면 보리심을 머물러 두는 것이 대단히 어렵다. 여기에서 보리심을 아래로 움직이기 위한 안과 밖의 방법은 처음부터 사용하는 것이다. 여기에서 말하는 '안(內)의 방법'이란 현실적으로 여성을 이용하는 방법을 말한다. 보리심이 위쪽에 있는 차크라를 통과하여 금강보의 차크라에 도달하는 사이에 보리심을 조절하기 위하여 강력한 방법을 구사해야 한다. 똑같이 보리심이 금강보의 차크라에 도달한 순간 그 움직임을 멈추기 위해서 전력을 기울여 조절해야 한다.

여기에서 주의해야 할 것은 이들 방법을 너무 강하게 사용해 버리면 물방울이 신체의 여기저기에 엉터리로 산란하여 여러 가지 병을 일으키는 사태가 된다. 물방울을 올바로 산포하는 방법에 대해서는 많은 라마들이 여러 가지로 계속 검토해왔다. 우리들이 여기에서 바라는 것은 생명 에너지가 아마두티 안에서 섞이는 과정을 완전히 아는 것이다. 그 이외의 방법으로 보리심과 섞이지 않도록 두고 제대로 보리심과 섞는 것이다. 물방울을 멈추고서 양자의 조절은 쉬운가 어려운가 등의 보다 분명한 결정을 둘러싼 논의는 티베트의 문헌에는 그다지 보이지 않는다.

잘 이해해 두어야 할 점은 조절의 과정에서 어느 만큼의 세기로 그것을 실천하면 좋은 것인가에 대한 원칙을 파악하는 것이다. 엄밀하게 말하면 그런 종류의 실천은 언제 필요하며 언제 필요하지 않는가 그리고 신체 안에 물방울이 잘못 섞임으로써 육체적인 병에 걸리지 않도록 하기 위해서는 어떻게 하면 좋은가 등의 일이다. 이것들에 대해서는 인도의 탄트라 문헌에서도 충분히 논하지 않는다.

구생환희의 생성

이렇게 찬다리의 불을 정화하고 보리심과 섞는 명상의 배후에 있는 주된 목적은 구생환희를 생성하는 데에 있다. 이 과정에서 먼저 보리심과 섞어 하강시킨다. 대략적으로 말하면 보리심과 섞은 것이 배꼽으로부터 아래의 차크라에 도달했을 때, 보리심과 섞은 것이 금강보의 차크라에 도달했을 때 보리심과 섞은 것을 사정해서는 안 되며 잠시 동안 거기에 머물게 해야 한다. 그렇지 않으면 구생환희는 체험할 수 없다. 구경차제의 요가에서 구생환희를 생성시키기 위해서는 먼저 생명 에너지를 아바두티 안에서 섞어 머물러 두게 해야 한다.

아바두티 안에 생명 에너지를 용해하고 보리심을 섞는 체험이 성취되면 물방울이 금강보의 끝에 도달했을 때 완벽한 구생환희의 체험이 생길 때까지 가능한 한 오래 물방울을 사정하지 않고 거기에 머물러 둘 수 있다. 보리심은 머리 꼭대기 차크라에서부터 차츰 하강해옴에 따라 생명 에너지를 정화시킨다. 그 결과 금강보의 차크라에 도달할 때까지 사정을 일으키는 미세한 육체적 에너지의 흐름은 멈추게 된다.

물방울 조절

생명 에너지를 모으는 것은 어렵지만 보리심과 섞는 것은 쉽다고 하는 사람도 있고 보리심과 섞는 것은 어렵지만 생명 에너지를 모으는 것은 쉽다고 하는 사람도 있다. 찬다리의 불의 실천은 때로 양자를 빠르게 섞는 일을 초래하기 쉽다. 하지만 섞는 방법을 천천히 하지 않으면 물방울을 조절하는 것이 매우 어려워진다. 물방울이 위쪽 차크라를 통과할 때 제대로 조절할 수 있도록 하지 않으면 물방울이 아래쪽 차크라에 도달한 다음에 조절을 시작하려 해도 결코 잘 되지 않는다. 또 아래쪽 차크라에 도달한 다음에 어느 정도 조절될 수 있게 되었다고 하더라도 물방울을 확실하게 녹여서 섞는 것은 어렵게 되며 부작용으로서 육체적인 병에 걸릴 위험성이 증대한다. 앞에서 해설한 그대로 생명 에너지와 섞이는 것이 제대로 되면 이런 문제는 일어나지 않는다.

이상한 일이 나타나는 것에 대한 대처

경우에 따라서 생명 에너지를 조절하여 끌어들이면 생명 에너지의 용해가 일어나기 전에 보리심과의 섞임이 갑자기 일어나 버리고 환희가 저절로 생겨버린다. 이런 때에 멈추거나 흐트리거나 하기 위해서 어떻게 하면 좋은가.

먼저 처음에 양자를 섞는 과정을 천천히 다운시키고 힘을 빼서 명상을 실천하고 물방울을 머리 꼭대기 차크라로 다시 상승시킨다. 그 다음 여러 가지 맥이나 장소에 섞인 것을 확산시킨다. 이 방법을 사용하면 강렬하게 양자가 섞이는 것을 체험하고 있는 도중에도 물방울을 조절할 수 있다. 똑같이 만약 강렬하게 섞이는 체험이 갑자기 일어나고 지금 말했던 방법으로도 대처할 수 없을 때 당신 자신을 만다라의 본존으로서 시각화했던 시점으로 돌리지 않으면 안 된다.

결가부좌53)하여 양손을 가슴 앞에 손깍지를 서로 끼우면서 모아두고 분노한 마음을 가득 담고 양쪽 눈을 들어 손발의 발가락과 손가락을 각각 굳게 합친다. 그리고 머리 꼭대기 차크라 가운데에 있는 함 종자에 의식을 집중한다. 여기에서 통상의 시각화 과정과는 달리 함 종자는 위로 향하게 두고 분노한 기운을 가득 담아서 훔54) 진언을 21번 천천히 외우도록 한다.

다음으로 척추의 배쪽에 있는 아바두티 안에 있는 물방울을 다시 상승시키고 하강했던 부분에서부터 머리 꼭대기 차크라로 돌아왔다고 명상한다. 그리고서 병풍의 기술을 부드럽게 사용하고 다시 신체를 부드럽게 흔든다. 보리심을 맥의 적당한 장소에 확산했다고 명상한다. 이상의 과정을 몇 번 반복한다.

구생의 지혜를 명상하는 방법

구생의 지혜를 생성시키는 방법

앞에서 보리심을 하강시키는 과정에서 해설했던 것처럼 보리심과 섞어서 금강보의 끝에 도달한다. 만약 사정하지 않고 머물러 둘 수 있다면 구생의 지혜55)가 생성된다. 이때 이미 견고하게 되어 있는

---

53) 결가부좌

54) 함

55) 구생의 지혜에서 구생(俱生)이란 태어나면서부터 가지고 있다는 의미이다. 따라서 구생의 지혜란 우리들의 육체에 본래 깃들어 있는 부처의 지혜를 의미하고 있다. 깃들어 있는 것을 모르기 때문에 해탈할 수 없다고 하는 발상이 그 배후에 있다.

'공성의 지'를 잘 생각해내고 의식을 거기에 집중시켜야 한다. 그리고 낙공무차별 가운데에 스스로를 두도록 한다.

가령 당신이 공성의 이론을 깊이 이해하지 않더라도 쾌락(樂)과 무분별지(無分別智)의 일체화가 견고하게 될 때까지 적어도 여러 가지 마음의 산란을 진정시키고 쾌락의 체험만이라도 좋으니 그 안에 스스로를 두도록 한다.

이렇게 하고 있을 동안 보리심은 잠시 금강보의 차크라에 머물도록 한다.

그로부터 보리심을 반전시켜서 머리 꼭대기 차크라까지 다시 상승시킨다.

이렇게 하면 아래로부터 올라가는 구생의 지혜가 생성된다.

그것을 의식하여 확실하게 보도록 한다.

그리고 공성의 지와 일체화한 환희의 영역으로 의식을 집중한다. 만약 그렇게 할 수 없다면 먼저 단순하게 의식을 환희 가운데에 두고 그 위에서 환희와 무분별지를 혼합시킨다. 이 상태를 가능한 한 오래 유지시킨다. 이런 방법으로 정해진 명상을 실천하고 있는 동안 수련을 계속한다.

명상이 끝난 후의 수련

명상을 마친 다음 어떻게 수련하면 좋을까? 명심해 두어야 할 것은 많은 경우에 단순하게 명상 중에 구생환희가 생긴 장소에서 명상이 그친 뒤에도 그대로 계속 자동적으로 되지는 않는다. 체험된 환희는 일상적인 여러 활동에서 나타나는 지각대상 안에서는 매몰되기 쉽다. 말하자면 그것만으로는 불충분하다.

따라서 명상을 마친 다음에는 처음부터 끝까지 환희와 공성의 지의 체험을 의식하여 몇 번이든 생각해내고 모든 존재와 현상에 이 환희와 공성의 인(印)을 새겨두어야 한다. 이 수행은 각별히 환희를 정화시켜서 당신은 그것을 길러야 한다. 이런 방법은 구전에는 그다지 나오지 않지만 라마 곱빠56)에게 상승되어온 마르파의 법에 자세하게 해설되어 있다. 또 『헤바즈라탄트라』를 비롯하여 몇 개의 탄트라 가운데에도 가르침이 있다. 그래서 대단히 중요하며 무시해서는 안 된다. 이상과 같은 것을 명상 중에도 명상 후에도 실천하도록 한다. 이런 방법으로 계속하여 명상을 찬다리의 불로 연결시키고 생명 에너지를 합쳐서 네 가지 환희를 생성시키도록 한다.

마하무드라 명상에 대하여

마하무드라57)를 파트너로 삼을 수 있는 조건

외부 조건인 카르마무드라(羯摩印)를 파트너로서 명상할 때에 엄격한 조건이 있다. 그 조건이란 수행자와 마하무드라를 담당하는 여성, 둘 다 모두 불법을 성취하기 위한 최고의 자질을 갖추고 있어야 하고 올바른 관정을 받아야 하며 탄트라를 실현하기 위한 근본과 부분에 정통해야 하고 그것들을 올바로 지키는 능력을 가지고 있어야 하고

---

56) 라마 곱빠의 생몰연대(1116-?)는 정확하지 않다. 란뽀빠의 조카로 대인계(마하무드라)의 권위자로 알려져 있다.

57) 마하무드라(大印界)란 여기에서는 여성 파트너를 의미한다. 마하무드라에는 외부 조건이라고 불리는 카르마무드라, 즉 현실의 여성과 안쪽의 조건이라고 불리는 즈냐냐무드라, 즉 명상의 힘에 의해서 출현시킨 영적인 여성의 두 종류가 있다.

마지막으로 만다라 수레바퀴의 성취법58)을 성취하고 사경(아침, 낮, 저녁, 밤)의 명상59)에 숙달해 있어야 하는 것 등이다.

다시 양자는 『까마수트라』60)에 있는 것과 같은 64종류의 성적 기교를 성취하지 않으면 안 된다. 공성의 지의 명상에 숙달해 있을 필요도 있다. 일반적으로 네 가지 환희를 생성하는 기술을, 특히 구생의 지혜를 생성하는 기술을 완벽하게 체득하고 있지 않으면 안 된다. 또 녹아서 섞인 물방울을 조절하고 밖으로 새어 나가지 않도록 멈추게 하는 능력도 반드시 필요하다.

실천자에게 요구되는 이상과 같은 조건에 대해서는 탄트라 원전과 인도의 대성취자들이 남긴 문헌에 자세히 나와 있다. 물론 이들 조건을 모두 갖추고 있지 않더라도 실천은 깊은 곳까지 가능하다고 하는 의견도 있다. 그런 주장을 하는 사람들은 여러 가지 구전을 인용한다. 그러나 쫑카파는 그 정도의 기초를 가지고 실천하는 것은 지극히 어리석은 일이며 악취(지옥)의 문을 열게 된다고 한다. 이 점에 대해서는 『헤루카의 현생』61)에도 분명히 다음과 같이 적혀 있다.

> 요가 행이 없는 것이 요가의 법이라고 알려지고
> 이 길을 가기 위하여 무드라에 의지하고
> 무지(無知)를 지혜(智慧)라고 칭한다면
> 틀림없이 지옥에 떨어진다.

---

58) 만다라 수레바퀴의 성취법은 만다라 명상법을 말한다.
59) 265-266쪽 참조
60) 24쪽 참조
61) 『헤루카의 현생』이란 삼바라 계통의 탄트라에 속하는 『삼바로다야(최승낙출현) 탄트라』에 있는 1장이다.

그 때문에 여기서 말하는 것처럼 성적 요가를 실천하기를 바라는 자는 엄격하게 선택되어야 한다. 그렇지 않은 자가 실천하면 크게 위험하다.

이것을 잘 생각해 두어야 한다.

카르마무드라가 허용되지 않는 경우

카르마무드라를 사용하는 수행에 들어가는 것이 허용되지 않는 자는 대신에 나이라트마[62](무아녀)이거나 바즈라요기니[63](금강유가녀)와 같은 만다라에 등장하는 다키니들을 즈냐냐무드라(지혜인)로서 명상을 계속해야 한다. 수행이 견고하게 되어 그녀들과의 전신과 그 빛남을 생생하게 시각화 할 수 있다면 시각화된 즈냐냐무드라[64]와 성적인 관계를 맺고 사환희를 생성한다.

구생환희가 떠오르면 공성의 지와 결합하고 이렇게 공성의 지와 절대적인 환희를 혼합시켜서 거기에 의식을 집중한다. 이것이 낙공무차별이라는 체험이다. 만약 그렇지 못하면 우선은 환희에 몸을 맡기고 그 환희 가운데에 한마음을 두는 명상에 들도록 노력한다.

---

62) 나이라트마는 헤바즈라의 명비로 공성을 체현한다고 간주된다. 세 개의 눈, 거꾸로 치솟는 빨간 머리털, 이빨을 드러내어 입으로부터 혀를 늘어뜨리고 카루토리 칼과 카트방가 지팡이를 가지고 시체 위에서 춤 추는 등 무서운 모습을 하고 있다.
63) 바즈라요기니는 헤르카의 명비로 이 경우는 성적 요가 일반의 여성 파트너라고 생각하는 편이 좋다.
64) 즈냐냐무드라란 명상의 힘으로 출현시킨 여성 파트너로 영적 존재이며 현실의 여성(카르마무드라 = 갈마인)이 아니다.

포와

　포와란 의식을 위로 빼내는 것을 의미한다. 천이(遷移)로 번역된다. 그 공덕은 절대적이며 그 수행을 성취한 사람은 그 죄마저도 정화된다고 한다. 다만 언제 포와를 실천할 것인가를 적확하게 판단하는 것은 지극히 어렵다. 물론 여기에서 말하는 실천은 최종적인 실천이라고 하는 의미로 준비적인 의미의 실천은 최종적인 실천에 앞서 충분히 습득되어야 한다.

　만약 가령 잘못된 시기에 최종적인 실천에 들면 본존을 살해하는 것이 된다. 그 결과로서 수행자 자신은 지옥의 업화로 소진된다. 포와를 최종적으로 실천해야 할 시기는 자기에게 죽음의 징조가 나타날 때이다. 아무리 회피하려고 노력해도 도저히 회피할 수 없는 죽음의 징조가 나타나는 경우가 바로 포와를 실천할 때이다. 또 전염병 등의 병에 감염하기 전에 실천해야 한다. 병에 걸리면 이전으로부터 많은 수행을 했더라도 포와는 실천할 수 없다. 당연한 일이지만 몸과 마음이 함께 청정한 상태가 아니면 포와는 안 된다. 따라서 평소 몸과 마음을 정화하는 수행을 할 필요가 있다. 피로한 상태에서도 포와는 불가능하다. 굳이 말하자면 죽음을 맞이하기 직전에 여력이 남은 상태에서 실천해야 성취할 수 있다.

　선의 세계에서도 선 채로 죽는 입망(入亡)이나 앉은 채로 죽는 좌망(坐亡)이 있다. 이것도 여력이 남은 상태에서 깊은 명상에 들어가 호흡 조절을 구사하여 단박에 이 세상에서 사라지는 것이다. 그것은 아마 몸과 마음의 생리가 포와하고 비슷한 상태일 것이다. 일반적으로 포와는 중국의 수행법이라고 알려져 있지만 이상의 설명에서 알 수 있는 것처럼 완벽하게 성취하고자 하면 역시 매우 어렵다. 이 수행에 들어가는 전제로서 여러 가지 탄트라에서 설해진 것처럼 의식을 자유롭게 조절하여 신체의 여기저기로 이동시켜야 한다. 이에 따라 의식을 신체로부터 분리하는 명상법을 반드시 숙달해야 한다. 그러기 위해서는 찬다리의 불을 명상해야 한다.

【실천】

• 먼저 부처에 대한 발심과 귀의를 굳건히 한다. 그리고 당신 자신이 이담(수호존)[65]의 본존이라는 확신을 가진다. 포와를 잘 수행할 수 있는 비결 중 하나는 바로 자세이다. 웅크리고 양팔로 양무릎을 끌어안는 것처럼 한다. 머리는 위를 향해야 한다는 설과 아래를 향해야 한다는 설, 두 가지가 있다.[66]

• 다음으로 당신의 이마의 정면 앞쪽 허공 가운데에 팔을 펼칠 만큼의 거리 혹은 팔꿈치 만큼의 거리에 라마와 이담을 일체의 존재로서 명상하여 신앙과 존경을 바친다.

그리고서 아래와 같이 명상한다.

• 의식이 승차해야 할 생명 에너지가 비밀처(성기)에 있다.
배꼽에 새빨간 아 종자가 있다.

---

65) 14쪽 제1장 각주 14) 참조
66) 포와 자세

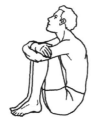 

- 심장 가운데에 짙은 남색의 훔 종자가 있다.
- 이마의 범공(금의문)에 숭배의 쿠샤 종자가 있다.

[아 종자]　　　　　[훔 종자]　　　　　[쿠샤 종자]

- 다음으로 성기에 있던 생명 에너지를 배꼽의 아 종자와 심장의 훔 종자와 이마의 쿠샤 종자를 의식하면서 아바두티 가운데를 위로 향해 끌어올린다.

  이때 "앗히까" 혹은 "힛꾸"라고 가능한 한 많이 외운다.

- 그러면 아 종자 그 자체가 아바두티 가운데에 생겨서 심장의 훔 종자에 녹아들어간다.

- 다시 "앗히까" 혹은 "힛꾸" 하고 스무 번 외우면 훔 종자가 위로 끌어올려져서 목에서 생기고 이어서 이마의 범공(梵孔)의 쿠샤 종자에 도달한다.

- 다시 "앗히까" 혹은 "힛꾸"라고 다섯 번 외우면 훔 종자는 범공(梵孔)을 한순간에 뚫고 나가 빛처럼 달려서 허공(虛空) 중에 계시는 라마=이담의 심장 가운데로 녹아들어간다. 중요한 것은 생명 에너지가 범공으로부터 허공 가운데의 라마=이담을 향하여 한순간에 도달할 수 있도록 하는 것이다. 그러기 위해서는 신체에 있는 8개 내지 9개의 문(두 개의 눈, 두 개의 귀, 두 개의 콧구멍, 입, 항문, 질공)을 충분히 긴장시켜서 생명 에너지가 거기에서 새어 나가지 않도록 해야만 한다.

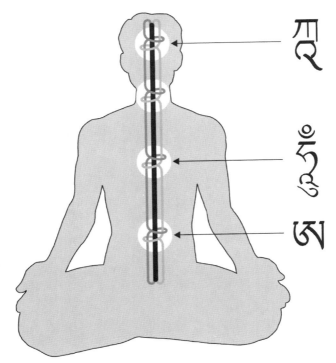

[포와할 때 쿠샤·훔·아 종자의 위치]

성취의 징후

마지막으로 포와에 익숙해졌는지 아닌지를 판단하는 비결을 말하고자 한다. 포와에 익숙해지면 이마 언저리가 근질근질거린다. 혹은 이마 언저리가 진동하기 시작할 때도 있다. 이런 징후가 있으면 포와 수행을 하기 위한 아름다운 경지(佳境)에 들어갔다고 판단해도 좋다.

제5장

실천편 [4]

일상의 명상

제5장

실천편 [4]

일상의 명상

식사의 명상

밀교 수행은 상주좌와 모두가 수행이다. 특히 식사는 수행자의 몸과 마음을 건전하게 만들기 위한 중요한 사항이다. 따라서 식사 전에 명상을 실천한다. 그 과정은 먼저 만다라의 부처들에게 똘마(식사)를 바친다고 명상하고 그 뒤에 수행자 자신이 식사를 한다. 이와 같이 늘 명상하면서 식사를 하면 몸과 마음은 놀라울 정도로 건전하게 된다. 아래에서는 실천편 1에서 만다라 명상법의 사례로 들었던 아촉 32만다라의 여러 존격에게 식사를 바칠 때의 명상법을 소개하고자 한다. 근거는 만다라 명상법과 똑같이 쫑카파가 지은 『길상비밀집회성취법청정유가차제』이다.

음식물의 정화법

오육(五肉)과 오감로(五甘露) 두 가지 똘마(식사)의 작법을 다음과 같이 행한다.

• 두 개의 똘마로 장애를 털어버리는 진언

옴 슈냐타 즈냐냐 바즈라
수바바바 아도마트마

이것을 외우면서 정화하고 이것들은 본질적으로 공(空)이라고 명상한다.

이어서 다음과 같이 명상한다.

- 허공에 훔·얌·훔이라는 세 가지 종자가 생긴다.
  그 훔·얌·훔이라는 세 가지 종자가 청록색의
  반달 모양을 한 풍륜으로 모양을 바꾼다. 그
  풍륜의 양면은 두 개의 금강저로 장엄되어 있다.

[훔·얌·훔]

- 풍륜 위에 훔·람(RAM)·훔이라는 세 개의
  종자가 생긴다.
  그 훔·람·훔이라는 세 개의 종자가 빨간 삼
  각형의 화륜으로 모양을 바꾼다.
  그 화륜의 양면은 두 개의 금강저[1]로 장엄되어 있다.

[훔·람·훔]

- 화륜 위에 옴·아후·훔이라는 세 개의 종자
  가 생긴다.
- 그 옴·아후·훔이라는 세 개의 종자가 세 인
  간의 짤린 모가지로 모양을 바꾼다.

[옴·아후·훔]

- 세 인간의 살아 있는 모가지 위에 아후 종자가 생긴다.

---

1) 금강저

• 그 아후 종자의 바깥쪽이 하얗고 안쪽이 빨간 카파라(해골바가지 술잔)로 모양을 바꾼다.

[세 사람의 살아 있는 모가지와 카파라]

• 그 카파라 가운데에 아후 종자가 생긴다.
• 그 아후 종자가 빨간 팔엽연화로 모양을 바꾼다.
  그 빨간 팔엽연화에 아후 종자가 새겨져 있다.

[아후 종자에 새겨진 팔엽연화]

• 카파라의 중심과 사방에 훔·부룸·암·주림·캄 종자가 생긴다.

[훔·부룸·암·주림·캄]

• 그 훔·부룸·암·주림·캄 종자가 사람고기·코끼리고기·말고기·소고기·개고기로 모양을 바꾼다. 그들 오육[2]은 훔·부룸·암·주림·캄 종자에 새겨져 있다.

- 다시 카파라의 중심과 사방에 훔·
  부룸·암·주림·캄 종자가 생긴다.
- 그 훔·부룸·암·주림·캄 종자가
  대변·소변·빨간 보리심(월경피)·
  하얀 보리심(정액)·수액(골수)으로

[오육(五肉)]

모양을 바꾼다. 이들도 또한 마시려고 해도 마실 수가 없지만
오육과 마찬가지로 이 세상에는 청정하지 않는 것은 어떤 것도
없다거나 부처의 현현이 아닌 것은 없다고 하는 진리를 체득하기
위하여 열거된다.
- 그들 오감로3)에는 옴 종자가 새겨져 있다.

[오감로(五甘露)]

[옴 종자]

- 다음으로 카파라 위 공간에 일륜이 생긴다.

---

2) 오육(五肉)이란 보통 결코 먹어서는 안 되는 고기 종류이다. 그것들을 먹는다는
    것은 가장 기피해야 할 행위이다. 후기밀교에서는 굳이 먹음으로써 이 세상에는
    아무것도 청정한 것은 없다거나 부처의 현현이 아닌 것은 없다고 하는 진리를
    체득하기 위해서 행하고 있다.
3) 오감로(五甘露) 또한 마시려고 해도 마시기 어렵지만 오육과 똑같이 이 세상에는
    그 어떠한 것도 청정하지 않은 것은 없다는 것을 드러낸다. 즉 이 세상에 부처의
    현현이 아닌 것은 없다는 진리를 체득하기 위하여 열거된 것이다.

- 그 일륜 위에 훔 종자가 생긴다.
- 그 훔 종자가 하얀 오고저로 모양을 바꾼다.
- 그 하얀 오고조에 훔 종자가 새겨져 있다.

[훔 종자]

- 하얀 오고조로부터 광명이 모든 방면으로 방사 된다. 그러자 바람이 생긴다. 그 바람이 불을 타오르게 하며 카파라 안에 있는 오육과 오감로 를 펄펄 끓인다. 펄펄 끓는 오육과 오감로 안에 일륜 위에 있는 훔 종자를 수반한 금강저(오고 저)가 떨어져서 뒤섞이고 하나가 되며 모든 더 러움을 정화하여 수정과 같이 된다.

[금강저]

- 카파라 위 공간에 아후 종자가 생긴다.
- 그 아후 종자가 빨간 연꽃으로 모양을 바꾼다. 그 빨간 연꽃에는 아후 종자가 새겨져 있다.

[아후 종자]　　　　　　[연화]

- 아후 종자를 수반한 빨간 연꽃이 펄펄 끓는 오육과 오감로와 섞 어서 태양처럼 타오르는 광명으로 모양을 바꾼다. 그 타오르는 광명이야말로 지혜의 감로의 본질이다.
- 카파라 위에 있는 공간에 옴 종자가 생긴다.

- 그 옴 종자가 광명의 갈고리로 모양을 바꾼다.

  그 광명의 갈고리에는 옴 종자가 새겨져 있다.

- 옴 종자를 수반한 광명의 갈고리가 사방의 일체 여래가 갖는 지혜의 감로를 걸어서 끌어들이고 펄펄 끓는 오육과 오감로 안에서 섞는다. 그러면 오육과 오감로는 더욱 왕성하게 타오르며 그 양을 증대시킨다.

[옴 종자]   [갈고리]

- 이와 같이 명상하면서

  옴 아후 훔

  이렇게 일곱 번 외우면서 기도(加持)한다.

부처들의 초청

이어서 다음과 같이 명상한다.

- 당신 자신의 가슴 안에 있는 종자가 광명을 일으킨다.

  그 광명으로 인하여 10분노존과 수호의 10복륜4)(호륜)5)의 중심에 구히야사마자(비밀집회) 만다라의 소의(구조물)와 능의(부처)를 호륜(護輪)6) 밖으로 권속을 이끌어 15방위를 수호하는 호방존,

---

4)   50쪽 제2장 각주 25) 참조
5)   78쪽 제2장 각주 69)

수많은 용, 살아있는 모든 것들을 걸어서 끌어들인다. 그리고 다음과 같이 만다라 형상의 모든 부처들이 분명히 거기에 있으며 호방존을 비롯한 사람들도 분명히 거기에 있다고 확인한다.

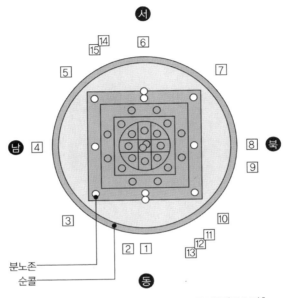

[10분노존과 15가지 방위에 있는 호방존(護方尊)]

① 호륜 바깥 동쪽에는 노란 천 개의 눈(千眼)을 지닌 금강법녀(金剛

---

6)　호륜(순콜)

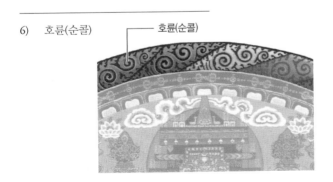

호륜(순콜)

法女)[7]가 하얀 코끼리 위에 앉아 있다. 그녀는 손에 금강저를 가지고 있다.

② 그 오른쪽에는 까만 금강환녀(金剛幻女)[8]가 가루다(봉황) 위에 앉아 있다. 그녀에게는 네 개의 팔이 있으며 오른쪽 두 팔은 윤보와 지팡이를 가지고 있고 왼쪽 두 팔에는 소라 고둥과 금강화(비슈누신이 대양을 휘저었을 때 생겼다고 하는 보석)를 각각 가지고 있다.

③ 동남에는 빨간 금강화(金剛火)[9]가 그 눈썹과 머리털과 수염을 빨간 연꽃처럼 불타오르게 하면서 산양 위에 앉아 있다. 그에게는 네 개의 팔이 있으며 오른쪽 두 팔 가운데 하나는 시원인(施願印)을 맺고 있고 하나는 염주를 가지고 있다. 또 왼쪽 두 팔은

---

7)   금강법녀

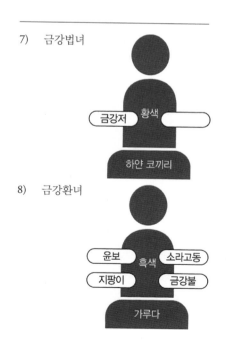

8)   금강환녀

깨끗한 병(淨甁)과 짧은 지팡이(短杖)를 가지고 있다.

④ 남쪽에는 까만 금강시(金剛時)[10]가 머리털을 빳빳하게 세워 태우면서 분노의 현상으로 물소 위에 앉아 있다. 그는 오른팔에 지팡이를 가지고 있으며 왼팔은 '위혁(威嚇, 성스러운 분노)'을 나타내는 기극인(期剋印, 타르자니)을 맺고 있다.

⑤ 남서에는 까만 금강저(金剛杵)[11]의 나체가 인골로 장식되고 어금

---

9) 금강화

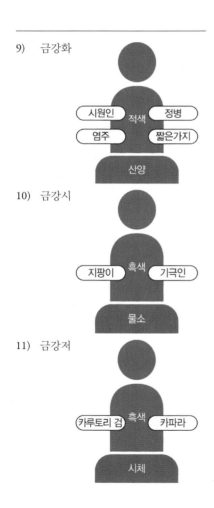

10) 금강시

11) 금강저

니를 드러내고 시체 위에 앉아 있다. 그는 오른쪽 팔에 카루토리 검을, 왼손에는 카파라를 각각 가지고 있다.

⑥ 서쪽에는 하얀 금강룡(金剛龍)[12]이 뱀줄을 가지고 7개의 머리를 가진 큰 뱀 위에 앉아 있다.

⑦ 서북에는 녹색의 금강풍(金剛風)[13]이 바람 주머니를 가지고 노란 사슴 위에 앉아 있다.

⑧ 북쪽에는 노란 금강외포(金剛畏怖)[14]가 살찐 몸으로 인간 위에 앉아 있다. 그는 오른팔에 망구스(독을 퇴치하고 보배를 토해내는 영험스러운 짐승)를, 왼팔에 시트론(감귤류의 과일)을 각각 가지고 있다.

⑨ 그 오른쪽에는 코끼리 얼굴을 한 하얀 금강장비(金剛長鼻, 금강코

---

12) 금강룡

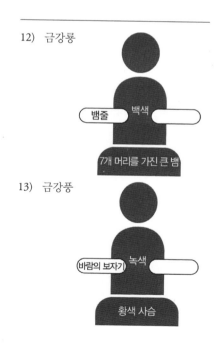

13) 금강풍

끼리)15)가 쥐 위에 앉아 있다. 그는 네 개의 팔을 가지며 오른쪽 두 팔은 창과 방패를, 왼쪽 두 팔에는 소라 고둥과 염주를 각각 가지고 있다.

⑩ 북동에는 하얀 금강분노(金剛忿怒)16)가 상투(머리 꼭대기에 높이 올린 상투)를 인간의 뼈로 장식하고 황소 위에 앉아 있다. 그는 오른팔에 삼고조가 붙은 카트방가 지팡이(끝에 해골바가지가

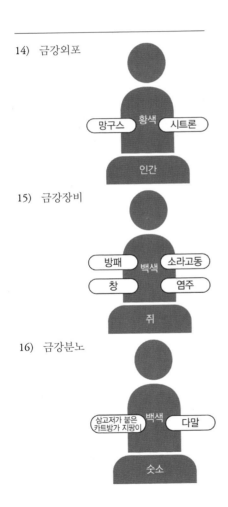

14) 금강외포

15) 금강장비

16) 금강분노

붙은 지팡이)를 왼팔에 다말(좌우에 방울이 달린 작은 북)을 각각 가지고 있다.

북동과 동쪽 사이에는 세 몸을 지닌 부처의 모습이 있다.

⑪ 빨간 금강군다리(金剛軍茶利)[17]가 강력한 광명을 일으키는 연꽃을 가지고 수레 위에 앉아 있다.

⑫ 하얀 금강광(金剛光)[18]이 오른팔에 하얀 수련을, 왼손에 염주를 각각 가지고 법륜 위에 앉아 있다.

⑬ 노란 금강무언(金剛無言)[19]이 거위 위에 앉아 있다. 그에게는 네 개의 팔이 있으며 오른쪽 하나는 연꽃을 가지고, 나머지 하나는 왼쪽의 염주를 걸친 한 팔과 함께 보시인(布施印)을 맺고, 나머지 왼팔에는 보석을 가지고 있다.

---

17) 금강군다리

18) 금강광

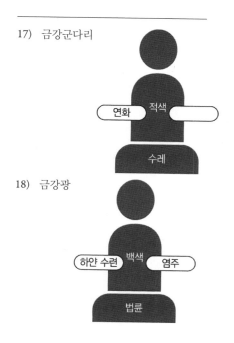

서와 남 사이에는 두 몸을 지닌 부처의 모습이 있다.

⑭ 까만 묘의(妙意)20)가 검을 가지고 수레 위에 앉아 있다.

⑮ 노란 지신녀(地神女)21)가 연꽃을 가지고 연꽃 위에 앉아 있다.

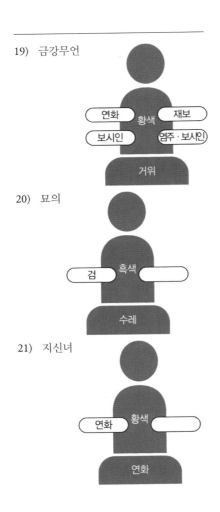

19) 금강무언

연화 　황색　 재보
보시인 　염주 · 보시인
거위

20) 묘의

검 　흑색　
수레

21) 지신녀

연화 　황색　
연화

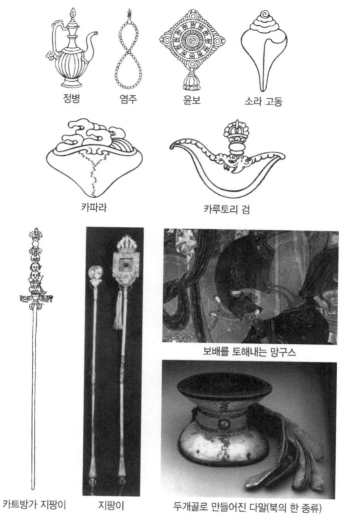

정병 염주 윤보 소라 고동

카파라 카루토리 검

카트방가 지팡이　　지팡이

보배를 토해내는 망구스

두개골로 만들어진 다말(북의 한 종류)

[호방존이 다양하게 지니고 있는 도구들]

시원인(施願印)　　　　기극인(期剋印)　　　　보시인(布施印)
　　　　　　　　　　　[인계(印契)]

물과 향수의 공양

이어서 이렇게 명상한다.

- 인드라(제석천)[22]를 비롯한 모든 존재를 곧바로 광명으로 만들어
  버린다. 그리고 그 광명으로부터 반야모(般若母)를 수반하는 비밀
  집회의 주존 구히야사마자(아촉금강)의 신체를 시각화한다.
- 그리고 진언을 다음과 같이 외우면서 알감이라고 하는 곳에서
  아가(閼伽, 물)[23]를 바친다.

　　옴 아후 후리후 프라바라 사타카람 알감 프라티차 훔 스바하
　　옴 아후 후리후 최승의 공양인 아가를 받으소서.

- 똑같이 진언을 다음과 같이 외우면서 바디얀이라고 하는 곳에서
  발을 씻기(洗足)[24] 위한 아가를 바친다.

---

22) 인드라는 본래 뇌신(雷神, 우레 번개신)이다. 힌두교의 신이었지만 불교에 귀의하
여 동방을 수호하는 역할을 한다. 힌두교로부터 귀의한 신들의 왕이라고 하는
지위에 있다.
23) 아가는 산스크리트어로 물을 말한다. 불교계에서는 지금도 부처에게 바치는 청
정한 물을 아가라고 한다.
24) 열대에 위치하여 우기에는 크게 더럽혀지고 건기에는 먼지에 더럽혀지는 인도

[구하야사마자(아촉금강)]

옴 아후 후리후 프라바라 사타카람 바디얌 프라티차 훔 스바하
옴 아후 후리후 최승의 공양인 세족(洗足)을 받으소서.

• 똑같이 진언을 다음과 같이 외우면서 아난챠마담이라고 하는 곳
  에서 눈꺼풀을 씻기(洗瞼) 위한 아가를 바친다.

에서 발이나 눈을 씻고 물을 공양하는 것은 상대에 대한 귀중한 대접이었다.
불교에서도 이 대접이 그대로 의례로서 수용되었다. 또 발이나 눈을 씻는 행위는
이제까지의 종교적인 어려움을 없애고 청정한 상태로 바꾼다고 하는 상징적인
의미도 갖는다.

옴 아후 후리후 프라바라 사타카람 아냐차마남 프라티차 훔 스바하
옴 아후 후리후 최승의 공양인 세겸(洗瞼)을 받으소서.

• 똑같이 진언을 다음과 같이 외우면서 프로컴차나라는 곳에서 향
 수를 바친다.

옴 아후 후리후 프라바라 사타카람 프로크사남 프라티차 훔 스바하
옴 아후 후리후 최승의 공양인 향수[25]를 받으소서.

32존에게 식사를 올리는 방식

이어서 오른손에 금강저를 쥐고 왼손에 금강령을 흔들면서 공성과
자비는 무차별의 보리라고 신앙하고 삼륜청정[26]이라고 생각하면서
아촉금강을 본존으로 하는 만다라를 구성하는 32존에게 똘마를 바친다.
그때 다음과 같이 진언을 외우면서 부처들을 환호한다.

옴 아후 바즈라 두리카 훔
지나 지카 옴
라트나 두리카 스바
아로리카 아후
프라즈냐 두리카 하
모하 라티 람
두베샤 라티 맘

---

25) 불교에서 향수는 더러움을 없애고 청정하게 하며 온 향을 초래하는 것으로서
 자주 사용한다. 또 좋은 향이 몸에 스며드는 것은 좋은 가르침이 침투하는 것을
 상징한다.
26) 삼륜청정(三輪淸淨)이란 무상, 부정, 고환으로, 이 세 가지가 본질적으로는 청정하
 다는 의미이다.

라가 라티 팜

바즈라 라티 탐

루파 바즈라 자후

사프타 바즈라 훔

간담 바즈라 밤

라사 바즈라 호후

스파르샤 캄

마이트리 마임

쿠시티갈바 투림

바즈라 파니 옴

카가르바 옴

로케슈바라 옴

만쥬슈리 훔

살바 니바라나 비슈캄빈 옴

사만타바두라 삼

야만타 크리타 훔

프라즈난타크리타 훔

파드만타크리타 훔

비그난타크리탄 훔

아차라 훔 탓키라자 훔

니라단다 훔 마하보라 훔

우슈니샤 차크라 발틴 훔 숨바라쟈 훔

살바 두슈타나 사마야 무드라 프라밤 자카

마마 샨팀 라크샤 차크루 스바하

호방존(護方尊)에게 식사를 올리는 방식

다음으로 호방존에 똘마를 바친다. 32존에게 바칠 때와 마찬가지로 오른손에 금강저를 잡고 왼손에 있는 금강령을 흔들면서 공성과 자비는 무차별의 보리라고 신앙하고 삼륜청정(三輪淸淨)이라고 생각하면서 똘마를 바친다.

　그때 먼저 옴 아후를 하고나서 다음과 같이 진언을 외워 부처들에게 환호한다.

> 과거세·현재세·미래세 삼세에 생기는 모든 그리고 사방의 수많은 세계의 허공의 여기저기에 운해처럼 나타난 장엄의 그 원자를 생성시킨 만다라는
> 올바르게 전승되고
> 널리 명상에 들어야 할
> 법계에 실로 집회하는
> 허공의 극한의
> 삼세에 생기는 모든 또 사방의
> 수많은 세계의 여기저기에 운해처럼 장엄이
> 허공에 나타나고 똑같이 세계를 수호하는
> 모두와 모든 유정도 나타나는
> 금강법녀와 금강환녀와
> 금강화와 금강시와
> 금강저와 금강외포와
> 금강군다리와 금강광과
> 금강무언과 금강요의와
> 신하를 가진 지신녀에 대하여
> 화만(華鬘)27)과 소향(燒香)28)과 등명(燈明)29)과
> 향수와 음식 등을 올바르게 준비하여

---

27) 많은 꽃을 꿰거나 묶어서 목이나 몸에 장식하는 것이다.
28) 향을 피우는 것이다.
29) 신에게 올리는 등불이다.

이런 맛있는 것들이나 똘마를

각각 드시고 즐기도록 하세요.

나의 보석, 황금, 보물, 보리, 젊음, 수명

무병식재(無病息災)와 최승낙(最勝樂) 등을

뺏으려는 마귀들과 악을 이끄는 모든 것을

분노와 분노의 극한에 있는 모든 것들을

방해하는 인간과 인간이 아닌 것들 모두를 무력하게 해주세요.

응결시키고 포박하여 파멸시켜 주세요.

우리들의 보석, 황금, 보물, 보리, 젊음, 수명

무병식재(無病息災)와 최승낙(最勝樂)이라는

큰 즐거움이 점점 더 증대하도록

보리도량에 이르기까지[30]

주도록 하세요.

언제나 구원해주세요.

평화를 지켜주세요.

그리고 "훔"이라고 외우고 그 의미를 잘 생각하면서 똘마를 바친다.

부처들의 식사 명상

이어서 이렇게 명상한다.

• 손님인 부처들의 혀에 훔 종자가 생긴다.
• 그 훔 종자가 빨간 독고저(獨鈷杵)로 모양을 바꾼다.

---

30) 해탈에 이르기까지라는 말이다.

[훔 종자]

[독고저]

- 그 빨간 독고저 끝에 있는 광명의 구멍을 통해서 똘마를 드신다. 그때 당신은 낙공무차별[31]의 본질에 대하여 충분히 납득할 수 있을 때까지 온 정신을 모아 생각해야 한다.

물 등의 공양

똘마를 바치고 난 다음에 다시 눈꺼풀을 씻거나(洗瞼) 손을 씻거나 (洗手) 양치질 등에 사용하는 물을 바친다. 다음으로 다섯 가지 바깥 (外) 공양물과 안(內) 공양물을 바쳐서 공양한다. 소원을 성취시켜주는 모든 손님들에게 "실례했습니다"라고 인사를 한다.

금강살타의 백자진언[32]

다시 옴으로 시작되고 아후 혹은 팟트로 끝나는 금강살타의 백자 진언을 외우도록 한다. 의미는 대강 다음과 같다.

---

31) 132쪽 제3장 각주 7) 참조
32) 같은 이름의 진언이라고 하더라도 전승이나 유파에 따라 다소의 차이가 있다. 이 백자진언도 그와 같아서 야만타카 성취법 때에 제시했던 진언과는 다소 차이가 있다.

옴 바즈라 헤르카 　　　　　 오 금강 헤르카여
사마야 마누파라야 　　　 사마야를 지키도록 해주세요.
헤르카 투베노 파티슈타 　 헤르카여 가까이 와 주세요.
두리도 메 바바 　　　　　 나를 위하여 견소성이어라.
스포슈요 메 바바 　　　　 나를 위하여 이익성이어라.
아누라크토 메 바바 　　　 나를 위하여 집착성이어라.
살바 싯딤 메 프라야차 　 모든 최고 경지를 주시옵소서.
살바 카르마스 차메 　　　 모든 행위에 있어서
칫탐 슈리얌 쿠루 　　　　 나에 마음에 길상을 주소서.
훔 하 하 하 하 홋 　　　　 훔 하 하 하 하 홋
바가밤 바즈라 헤르카 마메 문차　세존 금강 헤르카여 나를 버리지 마소서.
헤르카 바바 　　　　　　　 헤르카로 있어 주세요.
마하사마야 사트바 　　　 위대한 사마야 사트바여!
아 훔 팟토 　　　　　　　 아 훔 팟토

부처들의 귀환

그리고 이렇게 진언을 외운다.

옴 요가 숫다후 살바 다르마 야가 숫도 아함
일체법이 유가청정이기 때문에 나도 또한 청정하다.

이때 전련인(轉蓮印, 태콜인)과 포옹인(抱擁印)[33]을 맺고 본존륜(수 레바퀴 모양으로 있는 부처들의 집합체)을 당신 자신의 신체 안으로 흡수한다.

---

33) 야부윰의 모양처럼 양손을 연꽃처럼 하여 여존을 끌어 안는 손 모양을 가리킨다. 여존을 끌어 안는 것, 즉 부처를 끌어안아서 자기 자신 가운데에 흡수하는 것을 의미한다.

이어서 인드라(제석천)의 방향인 동북을 향하여 손가락을 세 번 튕겨서

옴 아후 훔 바즈라 무후

라고 해인진언(解印眞言)을 외우면서 본위(부처들이 본래 안주하고 있는 장소)로 돌아갈 것을 부탁한다.

타인에게 식사를 올리는 방식

누군가 타인을 위하여 똘마를 바치는 경우는 나와 누구누구, 우리들과 누구누구라고 하는 식으로 다른 사람이 거기에 있다고 생각하고 그 사람을 이익[34]되게 하는 것이 자기도 이익된다고 생각함으로써 비로소 이 행위가 성취될 수 있다고 설해지고 있다.

일상생활에로의 귀환

이상 다 마쳤으면 다음과 같이 부탁한다.

이 선행으로 인하여 내가 빨리
일체 여래의 모든 자성인
지금강을 얻게 되도록
살아있는 모든 것도 그렇게 되도록
보리를 위한 행동과
완전한 붓다가 되기 위하여
보리금강에 의해서 숭배되는
그 양쪽의 행위를 나는 행합니다.

---

34) 문자 그대로 이익을 주는 것이다. 대승불교가 주장하는 자리이타의 정신을 말한다.

이렇게 서원하고 의식이 끝나고 일어서서 일상생활에 돌아간다.

그때 이 세상의 모든 물질적 존재가 모두 부처의 궁전이며 이 세상의 살아있는 모든 것들이 바로 금강살타라고 보아야 한다.

자기 자신의 식사 명상

내가 식사를 할 때 이렇게 생각하면서 식사를 한다.

음식물을 정화하는 것에 관해서는 똘마의 기도와 똑같이 행하도록 한다.

목의 정화법

자기 목을 정화하기 위해서는 이렇게 명상한다.

• 자기의 목은 빨간 소라 고둥의 모양을 하고 있다.

• 그 목에 후리후 종자가 있다.

[소라 고둥(法螺貝)]　　　　　　　[후리후 종자]

• 그 후리후 종자가 빨간 팔엽연화로 모양을 바꾼다.

• 그 빨간 팔엽연화 중심에 파란 훔 종자가 생긴다.

[팔엽연화(八葉蓮花)]

[훔 종자]

- 그 파란 훔 종자가 오고저로 모양을 바꾼다.
- 그 오고저의 중앙의 축의 끝에 있는 구멍에 옴 종자가 생긴다.

[오고저]

[옴 종자]

- 그 옴 종자가 광명으로 모양을 바꾼다. 그 광명이 음식물을 빛나게 한다.

이렇게 하여 목을 정화하도록 한다.

심장의 정화법

심장을 정화하기 위해서는 다음과 같이 명상한다.

- 자기 심장안에 비수연화가 있다.
  그 비수연화 위에 일륜이 생긴다.

[비수연화]

- 그 일륜 위에 파란 훔 종자가 생긴다.
- 그 파란 훔 종자로부터 세 갈래(三叉)의 화염이 불타 올라 빛난다.

[훔 종자]

이렇게 하여 심장을 정화하도록 한다.

식사하는 방법

이상을 마쳤으면 다음과 같이 명상한다.

• 당신 자신의 손은 호마에 기름을 붓는 국자이다.

[호마 국자]

• 음식물을 옴 종자로부터 생긴 광명으로 끌어들인다.
• 자기의 혀가 있는 곳에 훔 종자가 있다.

[옴 종자]

그 훔 종자가 오고저로 모양을 바꾼다.

그 오고저 끝에 있는 구멍으로부터 광명이 끌어들인
음식물이 들어온다. 이때 모든 부처들의 집합체인 자
기 자신의 가슴 안에 있는 훔 종자에 바치는 시늉을
하면서 먹는다. 이것이 내호마(內護摩)이다.

[오고저]

소화와 흡수와 배설

다시 이렇게 명상한다.

• 수행자 자신의 비밀처(성기)에 얌 종자가 있다.

그 얌 종자로부터 풍륜이 생긴다.

• 배꼽에 람(RAM) 종자가 있다. 그 람 종자로부터 화륜이 생긴다.
• 가슴에 람(LAM) 종자가 있다. 그 람 종자로부터 지륜이 생긴다.
• 목에 밤 종자가 있다. 그 밤 종자로부터 수륜이 생긴다.

[얌 종자]	[람(RAM) 종자]	[람(LAM) 종자]	[밤 종자]

　바람(風)이 불을 태우고 땅(地)을 태우고 물(水)을 끓이고 모든 음식물을 녹인다. 그 녹은 음식물이 목에 있는 팔엽연화를 통과하여 가슴에 이르렀을 때 탐마[35])에 의하여 본존을 만족시킨다. 배꼽에 이르렀을 때 배꼽의 불(찬다리의 불)이 모든 것을 태우고 유해한 것을 재로 만들고 비밀의 연꽃을 통하여 항문으로 배출시킨다. 조금 소화되었을 때 콧구멍으로부터 빨아들인 윗 바람과, 성기와 항문으로부터 빨아들인 아랫 바람을 합쳐서 머물게 한다. 이러한 것들을 일상에서 행한다면 병에 걸리지 않고, 독 등이 침투하지 않고, 나이가 들지 않고, 비시사(非時死, 음식물로 죽는 것)를 피할 수 있다. 이상이 식사의 명상이다.

신체가 건강해지는 명상

　여기에서는 수행을 실천하는 현장인 신체를 명상으로 건강하게 하는 방법을 소개하겠다. 수행을 할 때의 마음가짐이나 시간의 배분, 아침에 일어날 때의 마음가짐, 수행을 너무 했을 때의 양생법 등에 대하여 해설한다.

---

35)　탐마는 부정한 음식물을 입으로 익혀서 정화하여 영양분을 흡수하는 것이다.

수행에 적당한 시간과 그 실천

경(更)[36]의 가장 가운데, 즉 경과 경 사이에 행하는 일체의 명상은 삼라만상이 모두 무자성(無自性)[37]이라는 견해로부터 모든 것은 환영과 같은 것이라고 하는 치(정수)[38]와 항상 일체가 되어 있는 것이 중요하다. 특히 야부윰(남녀합체존)이 성적 요가를 실천하고 무상의 쾌락이 생겼을 때 그 쾌락이 공성의 지와 완전히 무차별 일체로 생성된다고 이해하면서 다른 대상(소연)에 대해서는 본존 등을 대상(소연)으로 삼아서 명상을 한다. 대상의 형상은 무자성이라고 이해하는 것, 이 양쪽 면이 다 갖추어지도록 명상하는 것이 지극히 중요하다.

이렇게 밤(夜)을 8등분하여 그 나머지 한 개에 해당하는 시간 내에 일어나서 제일경(第一更)에 하는 명상은 이미 해설했던 것과 같이 한다. 낮의 경과 오후의 태양이 질 때까지의 경과 밤의 오좌(午座, 영시 전후의 시간)에서 본존을 명상하고 합계 4경에 명상한다.

이 경우 처음과 끝의 경(更)에서 상세하게 명상하고 중간의 경에서 간략하게 명상한다. 혹 만약 시간이 없다면 제일경(第一更)에서 상세하게 명상하고 다른 경에서는 간략히 할 수도 있다. 또 제일경(第一更)에 먼저 천천히 하고 나서 다음에 빨리 행하는 방법도 있다. 이 경우는 상세하게 명상을 하고서 간략하게 명상을 하지만 이 방법으로 다른 세 경은 간략하게 마친다.

그 경우 공양에 대하여 스스로 능력을 믿기 이전의 과정에 대해서

---

36) 경(更)이란 수행의 시간대를 말한다.
37) 무자성(無自性)이란 모든 생명도 부처의 시각으로 보면 본질도 없고 실체도 없다고 하는 것을 의미한다.
38) 본래의 의미는 좋은 영향이다. 여기에서는 에센스(정수)라고 생각해도 좋다.

는 이미 해설한 대로 행하고 그 다음에 염송과 공양과 찬탄[39])을 한다. 이렇게 하는 경우는 본존만을 당신의 신체 안에 수렴하고 다른 자리에는 아무도 없다고 명상한다.

네 개의 경의 마지막에 이르러서도 톨마를 성취할 수 없다면 다시 마지막 경을 만들어서 거기에서 행하도록 한다.

잠잘 때와 깨어 있을 때

마지막 경을 마치고 잘 때에는 당신의 신체에 전개한 만다라의 부처들이 광명 안에 수렴되었다고 명상하고, 마음을 다른 곳으로 향하지 않고 오로지 부처들에게 집중하여 수면의 광명 안에 자도록 한다.

아침 일찍 일어날 때는 천녀들의 노래로 목욕하고 광명 안에서부터 자기 자신이 본존 그 자체라고 생각하면서 일어나도록 마음을 쓴다. 다른 점은 이미 가르친 대로 행하도록 한다.

【피로회복을 위한 명상】

네 개의 경(更)에서 행하는 명상에 너무 집중하여 신체가 조화롭지 못하면 다음과 같이 명상한다.

• 자기 머리 꼭대기에 주먹 하나 정도의 공간에 바 종자가 있다.

바 종자가 월륜으로 모양을 바꾼다.

그 월륜이 만월이 된다.

[바 종자]

• 만월 하부의 중앙에 거꾸로 된 하얀 옴 종자

가 있다.

---

39) 158쪽 참조

• 그 거꾸로 된 하얀 옴 종자가 만월과 일체
가 된다.

[거꾸로 된 옴 종자]

거기에서 다섯 여래(五如來)40)의 본질인
다섯 색의 감로(五色甘露)41)가 내려와서 수행자의 머리 꼭대기에
서 발끝까지 관정한다. 이렇게 명상하면 단기간에 신체는 건강을
회복한다.

이상이 신체를 건강하게 하는 명상이다.

---

40) 오여래(五如來)란 아촉여래(아촉금강)·비로자나여래·보생여래·무량광(아미타)
여래·불공성취(석가)여래를 말한다.
41) 오색감로(五色甘露)란 청·백·황·적·녹의 감로로, 각각의 색이 오여래(五如來)를
상징한다.

후기

티베트 밀교의 본격적인 명상법을 가능한 한 정확하게, 그러면서도 알기 쉽게 해명하는 책을 만들고 싶었다. 그것은 오랜 기간에 걸친 우리들의 바람이었다. 실은 달라이라마 14세 성하께서도 우리들에게 일찍이 이 세상에 티베트 밀교의 최고 수행법을 올바로 소개해 주기를 바란다는 요청이 있었다. 본서의 출판으로 인하여 우리들의 바람이 실현됨과 동시에 달라이라마의 요청에도 응할 수 있어서 두 배로 기쁘다.

티베트 밀교의 수행법을 논한 책은 이제까지 꽤 많이 출판되었다. 그러나 이런 책들을 읽어도 실천하는 것은 무리였다. 왜냐하면 밀교 수행은 문자를 읽는 것만으로는 무리이며 신체의 훈련이 준비되어 있어야 한다. 이것을 기초로 하여 모든 감성이 총동원되어야 하는데도 불구하고 그런 식으로 되어 있지 않았기 때문이다.

그러나 본서는 전혀 다르다. 독자들은 풍부한 그림과 정확한 해설 덕분에 수행법의 상세한 점을 마치 라마로부터 실제로 상세하게 가르침을 받은 것처럼 이해할 수 있을 것이다. 그런 의미에서 본서는 처음으로 이루어진 실천적 티베트 밀교 수행본이라고 해도 좋을 것이다.

이런 일이 가능하게 된 것은 오로지 편집 담당의 니시카와 간코상과 디자인 담당의 야노 도쿠코상의 덕분이다. 저자로서도 솔직히 말씀드려서 이만큼 철저하게 되리라고는 생각하지 않았다. 구태한 표현을 사용해서 죄송하지만 실로 저자로서 기쁘기 그지없다. 깊은 감사를 전하고 싶다. 물론 편집과 디자인 담당자가 이익과 손해를 생각하지 않고 상당히 열심히 하여 책을 만든 것도 노무라 토시하루 사장의 결단이 있었기 때문에 가능하였다. 깊이 감사드린다.

또 본서의 학문적인 영역에 관해서는 언제나처럼 타치가와 무사시 국립민족학 박물관 교수와 미와케 시니치로 오타니 대학 전임강사의 두 분에게 도움을 받았다. 깊이 감사드린다. 원전의 번역에 대해서는 야마다 테츠야씨(오타니 대학 직원)의 도움도 컸다. 특히 고마움을 전하고 싶다.

진심을 말하면 이런 실천적인 책을 만들어도 좋은지 아닌지에 대해서 망설였다. 진실한 불교 신앙이 없는 현대인이 이 책을 단순한 명상 지침서로 사용하여 고도의 명상법을 실천하면 거기에 폐혜가 생길 위험성이 많기 때문이다. 그래서 책의 서두 부분에서는 무작정 명상을 실천하는 것에 대한 위험성과 그 대책에 대하여 많은 페이지를 할애했다. 성가신 일이라고도 생각할지 모르지만 우리들의 걱정하는 마음을 충분히 짐작해주기 바란다.

그리고 우리들은 『비밀집회탄트라』에 근거한 성자류의 생기차제를 존자 쫑카파의 원전으로부터 번역과 해설을 붙여 티베트의 『죽음의 수행』을 출판했다. 생기차제의 수행법으로서는 이 이상의 것은 존재하지 않는다. 꼭 본서와 함께 읽어 주기 바란다.

2003년 5월 어느 길한 날
출팀 케상, 마사키 아키라

역자 후기

이 책은 티베트 만다라라는 도설을 통해서 밀교의 명상법을 소개하고 있다. 그동안 비밀스럽게, 매우 비밀스럽게 지속된 그 비밀을 이제 우리들도 들여다 볼 수 있도록 펼친 책이다.

그 비밀스럽게 다룬 문제는 바로 인간의 의식과 몸에 관한 것이다. 지금 이 시대를 살아가는 사람들이 감히 알아차리지 못하는 자신의 의식과 몸에 대해 이 책은 상세하게 알려준다. 우리 자신의 의식에 대해서, 몸에 대해서 알아야 할 그 무엇이 이 책에 담겨 있다. 이제 그 이론이 만다라 명상법을 통해서 제시되었으니 실전에 들어갈 차례이다. 처음에는 삐걱거릴 수도 있다. 그렇다고 낙담할 필요는 없다.

보다 편안해지기 위하여 이제 이 책을 옆에 두고 천천히 그 비밀스러움에 동참하기로 하자. 이 책은 당신 자신을 들여다 볼 수 있는 좋은 길잡이가 될 수 있을 것이다.

이 책을 세상에 내준 티베트 불교의 세계적인 석학 출팀 케상과 밀교 수행과 도상의 전공자 마사키 아키라에게 깊은 감사를 드린다. 많은 사진과 그림 그리고 쉬운 용어로 그 어려운 작업을 해주셨다.

나 또한 이런 귀한 책을 한국에 소개할 수 있어서 매우 기쁘다. 공동 역자인 유리 선생은 티베트 망명정부가 있는 다람살라에서 티베트어와 티베트 불교를 다년간 공부하였다. 아마도 유리 선생의 티베트어 구사능력이 없었다면 이 번역 작업은 힘들었을 것이다.

또 어려운 시기에 이런 전문적인 성과물을 출판해 주신 도서출판 씨아이알 관계자 여러분께도 심심한 사의를 표하며, 특히 교정과 편집을 담당하신 신은미 팀장님께 깊은 감사를 드린다.

2022년 화엄사 만월당에서
道鏡 합장구배

종자일람

암	아후	아	아
ཨྂ	ཨཱཿ	ཨཱ	ཨ

타라후	탐	주림	쿠샤
ཏྲཿ	ཏྃ	...	...

맘	부룸	후리후	훔
མ	...	...	ཧཱུྃ

캄	옴	밤	바

팜	함	팟트	디히

람(ram)	람(lam)	얌

도판출전 일람

장	쪽	도판명	출전
1장	19쪽	차크라와 나디의 그림	티베트 17세기 말 『사부의전』
	32쪽	금강령, 금강저	티베트 14세기 포타라궁 소장
2장	38쪽	구히야사마자삼매야형 만다라	티베트 규투 밀교학당 소장
	46쪽	구히야사마자의 탕카	티베트 20세기 북촌태도 컬렉션
	55쪽	구고저	티베트 15~19세기 북촌태도 컬렉션
	58쪽	도끼(斧)	티베트 20세기 Treasures of Tibetan Art(Oxford University Press)
	59-64쪽	분노존	티베트 북촌태도 컬렉션
	66쪽	타크샤카용의 귀 장식	티베트 탱콜츄데 불탑
	67쪽	풀부(금강말뚝)	티베트 17세기 Art of Tibet (Los Angeles Country Museum of Art)
	68쪽	금강저	티베트 18~20세기 북촌태도 컬렉션
	68쪽	금강갈고리	티베트 20세기 Art of Tibet(Los Angeles Country Museum of Art)
	70쪽	풀부로 변신한 비구난타카	티베트 샤카 사원 소장
	71쪽	금강망치	티베트 20세기
	72쪽	마귀를 공격하는 풀부들	티베트 샤카 사원 소장
	88쪽	천녀	티베트 북촌태도 컬렉션

장	쪽	도판명	출전
2장	91쪽	입체만다라	1990년 제작 큐리히대학 민속학박물관 소장 Permission use this picture kindly granted by Dr. Martin Brauen. Sorce: Martin Brauen, The Mandala: Sacred Circle in Tibetan Buddhism(Boston: Shambhara 1998)
	96쪽	32 부처들	
	97~101쪽	오여래(오불)	티베트 북촌태도 컬렉션
	102~104쪽	사불모	티베트 북촌태도 컬렉션
	105~109쪽	오금강녀	티베트 북촌태도 컬렉션
	111~114쪽	팔대보살	티베트 북촌태도 컬렉션
3장	124쪽	야만타카만다라	티베트 규투 밀교학당 소장
	133쪽	카루토리 검	네팔 18세기 북촌태도 컬렉션
	134쪽	카파라	티베트 포타라궁 소장
	135쪽	금강령	티베트 16~19세기 북촌태도 컬렉션
	143쪽	야만타카 입체 만다라	티베트 1751년 제작 포타라궁 소장
	148쪽	야만타카의 탕카	티베트 현대 정목황 소장
	151쪽	야만타카 만다라	
	160쪽	염주	티베트 19세기 북촌태도 컬렉션
4장	180쪽	금강살타와 금강낸마의 탕카	『쫑카파 티베트 밀교요가』(문영당서점)
	182쪽	아촉여래	네팔 15세기 북촌태도 컬렉션
5장	251쪽	지팡이	티베트 20세기 Art of Tibet(Los Angeles Country Museum of Art)
	251쪽	망구스	티베트 15세기 콩칼 돌제댕 사원
	251쪽	다말	티베트 18세기 Art of Tibet(Los Angeles Country Museum of Art)
	258쪽	독고저	네팔 북촌태도 컬렉션
	263쪽	호마 국자	티베트 18~20세기 북촌태도 컬렉션

용어 색인

존격 색인

법구 색인

지은이

출팀 게상(白館戒雲)

1942년 서티베트 세칼에서 태어났다. 인도 바라나시 산스크리트대학 대학원 수료하였고 1984년 일본으로 귀화했다. 현재는 오타니대학 명예교수이다. 티베트 불교학을 전공했다. 공저와 공역으로는 『길상비밀집회성취법 청정유가차제』(영전문창당), 『해탈의 보석』, 『깨달음으로의 차제』(UNIO), 『티베트의 밀교요가』, 『쫑카파 중관학파의 연구 I II』(이상, 문영당), 『티베트 밀교』(축마학예문고), 『티베트의 죽음의 수행』, 『지혜의 말씀』(각천서점) 외에 다수가 있다.

마사키 아키라(正木晃)

1953년 카나카와현에서 태어났다. 쯔구바대학 대학원 박사과정을 수료하였다. 국제일본문화연구센터 객원 조교수, 중경여자대학 조교수 등을 거쳐 현재 게이오 의숙대학 비상근 강사, 입정대학불교학부 비상근 강사이다. 전공은 종교학(티베트, 일본밀교)이며 특히 수행에 있어서의 심심변용이나 도상표현이다. 저서로는 『만다라란 무엇인가』(NHK출판), 『밀교』(치쿠마 학예문고), 『종교학 입문』, 『귀신과 숲의 종교학』, 『센토치히로의 정신적인 세계』, 『컬러링 만다라』, 『스님들을 위한 불교입문』(이상 춘추사), 『밀교』(찌쿠마 학예문고), 『공해와 밀교미술』(각천선서) 외에 다수가 있다.

옮긴이

도경(道鏡)

대한불교조계종19교구본사 지리산 화엄사 한주. 동국대학교 인도철학과를 졸업하고 도쿄대학 대학원 인도철학과에서 박사과정을 수료하였다. 동아대학교 철학과 교수로 재직하였으며, 한국정토학회 회장, 동아시아불교문화학회 회장 등을 역임하였다.
이메일: amitaabha@hanmail.net

유리(兪悧)

불교철학 유식학을 전공하였으며, 부산대학교에서 석사과정을 마치고 경상국립대학교에서 박사과정을 수료하였다. 저서로는 『인도인의 논리학』, 『불교인식론』, 『불교의 마음사상: 유식사상입문』, 『티베트에서의 불교철학입문』 등 공동 역서와 『『成唯識論』의 行相』, 「디그나가의 Ālambanaparīkṣāvṛtti 역주: 현장 역과 티벳 역을 중심으로」, 「『유식이십론』의 vijñapti 고찰」 등의 논문이 있다.
이메일: yuri5000@hanmail.net

이 책을 읽고 궁금한 사항이나 티베트 불교, 밀교, 명상에 대한 궁금 사항은 역자 메일로 문의바랍니다.

CHIBETTO MIKKYO ZUSETSU MANDARA MEISOHO revised edition

by Tsultrim Kelsang and Masaki Akira

Copyright © 2013 Tsultrim Kelsang and Masaki Akira

All rights reserved.

Originally published in Japan by Being Net Press

Korean translation rights arranged with Being Net Press

through BESTUN KOREA AGENCY

Korean translation rights © 2022 CIR Co., Ltd.

티베트 밀교 만다라 명상법

초 판 발 행 2022년 12월 20일
초 판 2 쇄 2023년 4월 14일

저　　　자 출팀 케상, 마사키 아키라
역　　　자 도경, 유리
펴 낸 이 김성배
펴 낸 곳 도서출판 씨아이알

책 임 편 집 신은미
디 자 인 박진아, 윤지환
제 작 책 임 김문갑

등 록 번 호 제2-3285호
등 록 일 2001년 3월 19일
주　　　소 (04626) 서울특별시 중구 필동로 8길 43(예장동 1-151)
전 화 번 호 02-2275-8603(대표)
팩 스 번 호 02-2265-9394
홈 페 이 지 www.circom.co.kr

I S B N 979-11-6856-114-4 (93220)